永定县志

（康 熙）

［清］赵良生　李基益　　　修纂

福建省地方志编纂委员会　整理

厦门大学出版社
XIAMEN UNIVERSITY PRESS

国家一级出版社
全国百佳图书出版单位

总　叙

　　编修地方志是中国优良的文化传统，几千年来持续不断，代代相沿。福建编修地方志历史甚早，最早见诸记载的有《瓯闽传》一卷，书已早佚，作者及年代均无考。东晋太元十九年（394年），晋安郡守陶夔在任上修纂的《闽中记》，则是已知最早有确切年代与作者的地方志，可惜书亦不存。其后见于记载的地方志，还有南朝梁萧子开撰《建安记》、梁顾野王撰《建安地记》、唐大中五年（851年）林谞撰《闽中记》、唐黄璞撰《闽川名士传》、宋林世程重修《闽中记》、宋陈傅撰《瓯冶拾遗》、宋佚名纂《福建地理图》和《福建路图经》，然而皆已散佚，或仅存后人辑本，无以得窥全豹。

　　福建存世最早的地方志，当推南宋淳熙九年（1182年）梁克家撰《三山志》，因系名家手笔，且存全帙，故世人视同拱璧。南宋所修尚有《仙溪志》、《临汀志》，皆以时代甚早受人珍视；但文有散佚，自难与梁志比肩。虽然，亦可见福建修志传统历朝不坠，诚为文坛盛事，史界福音。据不完全统计，全省自古及近（中华人民共和国成立前），共编纂有省、府（州）、县三级志书637种，现存287种（其中省志8种，府州志42种，县志237种），蔚为大观，成绩卓著。其中不乏佳作精品，

1

有的堪称名志。著称者如：明黄仲昭纂《八闽通志》，王应山纂《闽大记》、《闽都记》，何乔远撰《闽书》，周瑛、黄仲昭纂《兴化府志》，叶春及主纂《惠安政书》，冯梦龙撰《寿宁待志》，清陈寿祺纂《福建通志》，徐铣纂《龙岩州志》，李世熊纂《宁化县志》，周学曾等纂《晋江县志》，民国陈衍等纂《福建通志》，李驹主纂《长乐县志》，吴栻主修《南平县志》，丘复纂《武平县志》等。

20世纪80年代以来，福建省按照全国统一部署，开展三级（省、市、县）新志编纂。各地广泛采用历史上所修方志，取得显著效益。事实证明，编修志书的确功在当代，利及千秋。为了保护优秀文化遗产，充分发挥志书存史、资治、教化的社会功能，经省政府批准，福建省地方志编委会从历代各级所修地方志中选择部分富有历史和文化价值者重新点校（或加注释）出版，以方便社会各界人士的阅读与使用。由于工程浩大，任务艰巨，而人力（特别是专业人才）尤显不足，虽得各地同仁大力支持，但疏误在所难免，望读者谅解并赐教。

福建省地方志编纂委员会

2012年3月

点 校 凡 例

一、本书在点校时，选择清康熙三十六年丁丑增补《永定县志》刻本作为底本。

二、本书在点校时，对原刊本文字按现代汉语习惯予以分段；并按现代汉语规范加标点符号。原文中的繁体字、古今字、异体字均改用简化字，个别易引起歧义的人名、地名等除外。

三、原刊本中因涉及古代帝王、国朝、诏令等字样，有作抬头、空格或断码等编排的，重排时一律取消，统按现代文版式紧排。

四、原刊本中夹注一般改用楷体字，以别于正文。

五、凡遇缺字而无法以他校、理校增补者，用"□"号表示。

六、原刊本中遇有错字、别字者，予以更正，正字加方括弧[ ]；遇有漏字者，予以补上，并加尖括弧〈 〉表示；有衍字者，加圆括弧（ ）表示；通假字照旧。

七、原刊本中凡属刊误或原纂辑、抄录者有笔误之处，点校时尽量征引他书校正；无他书参校者则以理校，并加注说明。

八、原刊本中遇有大段重复、遗漏或史实不明之处，尽量征引、参照不同时期的版本予以补充、校正、删削，并加注说明。

　　九、原刊本的目录与正文往往出入颇大，为便于查阅，点校后的目录以正文为依据重新加以整理。

目　　录

永定县志卷之一

序文　部文

增补《永定县志》序

志者，乘也，即史也。邑有邑志，郡有郡志，省有通志，皆纪载之书，以求信今传后。然务取其备，所以征文献也。

兹考永定开治，时维成化甲辰。而纂修县志，岁在万历乙亥。迨至今上御极之十一年，命天下郡县各辑其志，以昭一统。是时，乃邑侯潘公董其事，诸乡先生总厥成，殚精竭力，博搜广罗。盖自昔迄今，时经两代，世阅百年，兵燹叠更，沧桑屡易，而欲于残编断简之余、野老遗硕之口，摭拾旧闻，渔猎逸事，以成一邑之全书，难巳！乃观是编，搜访详备，考核维严。其间所纪城郭、山川、岁时、风物，典核精详，条理明备。他如人文甲第，既已炳耀于生前，而苦节孤贞，亦或表彰于身后。允称一方之信史，岂非百世而不惑者乎？

余于丁丑之夏摄篡此邦，首检篇帙，见《赋役》、《艺文》仅有其目。窃思赋役为军储所系，民命攸关，倘不纪其纲，不详其目，恐胥吏得以此盈彼亏，图里不无移甲换乙矣。至若人杰能令地灵，性情发为歌咏，此艺文之所以尚也。倘任其蠹食，听之覆瓿，则此日已见缺文，他年奚以征信耶？况乎境图缺略，名胜无传，匪仅山川之险易难辩①，道里之遐迩莫稽，抑且歌颂无以发其揄扬，幽潜何所寄其凭吊乎？睹兹挂漏之虞，实深守土之责。用是谋诸阖邑乡老先生、通庠名宿，搜辑增补，以成全书。异日名贤鹊起，闻人蝉联，蜚声翰苑，瀛登帝子之洲，秉笔螭头，台列公卿之府，行见芝诰兰函，辉耀龙冈凤渚，不独汀永一邑为之改观，即载之全闽通志，亦当生色。姑序其事，为将来之张本云尔。

　　　　　时大清康熙三十六年岁次丁丑仲秋之吉
　　　　　文林郎署理县事、连城县知县广陵赵良生撰

---

　　① 辩，通"辨"，辨明。

重修《永定县志》序

　　修一邑之志易，修一邑之志以成大一统之志难。一邑之志，严是非、剖美恶、不阿其所好，以成一家言，一人之私言也；一统之志，别褒贬、明赏罚，不狃于一偏，以成金鉴录，天下之公言也。以一人之私言而成天下之公言，非具班固之才、非操《春秋》之笔，不可以继往开来。

　　国朝幅员广大，天下一家，文学、政治炳耀千秋。圣天子知一代之文献不可以无征也，檄行省会，以修大一统志。微以察天人上下之理，远以绍尧舜禹汤之业，诚一代之盛事，古今之旷典也。逖稽往古，《禹贡》之载九州，《周礼》之纪六官，汉收秦府之图书，皆此物此志也。

　　然而永邑视他邑异，修永邑之志，与修他邑之志尤异。汀为八闽之末，永为汀八邑之末。俗俭而风朴，地瘠而民贫。犹是山川也，形胜虽甲于八鄞，而崇山复岭，尚局于一隅；犹是人物也，科第虽出于蝉联，而风气方开，复限于额数；犹是土田也，征输虽出于急公，而旱潦频年，又苦于催科。若夫苌楚歌于野，仳离①盈于途，户口之逃亡，有如是乎？萑苻啸山林，郊圻喧枹鼓，疆域之沦丧，殆有甚焉。以至忠臣孝子、烈女节妇，随寒烟衰草而泯灭无闻者何可胜数？仁人君子未有不目击而心悲、念至而神怆者矣。且永僻处南天，浚哲之主即欲加意元元，残疆末吏谁绘图以进、上达于宸聪？

---

　　① 离，原文为"僪"。

邑之人士女，欲仰承湛露之恩自天而下，嗟何及矣！幸奉简命方新，征郡邑之祥乘而纂辑成书。夫永邑之志，创修者不一其人。明万历年间迄于今，历百年而阁①笔。世远年湮，叠经兵燹，而故家遗俗，渐灭殆尽，求诸野老，亦无复有存焉。断简残篇，十仅存其半，将韵士何以寻幽踪，循良何以察利弊，太史何以采风谣，圣天子何以博极群书，以周知天下之风俗、察民间之疾苦、鉴吏治之贤否乎？

　　我侯赞翁潘公爰集诸绅士，搜遗逸，补散失，删冗繁，订讹谬，汇为一帙。凡山川、人物、土田、户口、疆域，井井有条，灿如指掌。是编也，不独我侯簿书之余，开卷而悠然有思，登斯民于衽席之安。继侯而起者，下车之日，按牍而怵然有怀，跻斯世于仁寿之域，行见我侯上之卿相，卿相上之圣天子。万几②之暇，披图而览，见夫疆域沦丧，则思所以坚壁固围而措于不倾；见夫户口流亡，则思所以生聚教训而全其富庶；见夫土田碛确，则思所以薄赋宽徭而行其抚字；见夫人物凋谢，则思所以育材造士而大其作人；见夫山川之变幻，则思所以祭告怀柔而奠其流峙。而非徒登诸石渠，藏诸天禄，以饰太平、耸观听已也。则一邑志以佐大一统志，不綦重乎哉！

时大清康熙十二年癸丑岁孟冬
赐进士第、湖广监察御史、邑人熊兴麟撰

---

①　阁，通"搁"，停止。
②　幾，同"机"。

部　文

为遵谕条奏事，蒙巡海道陈宪牌，本年八月三十日准布政司照会，本年八月初五日奉总督部院刘宪牌，准礼部咨仪制清吏司案呈，奉本部送礼科抄出该本部题覆少师兼太子太师、户部尚书、保和殿大学士加二级卫奏前事等因。康熙十一年七月初六日奉旨："这应进讲书籍，知道了。余着该部议奏，钦此。"钦遵到部，除各部事宜应听各该部议覆外，该臣等议得保和殿大学士卫疏称："各省通志宜修，如天下山川形势、户口丁徭、地亩钱粮、风俗人物、疆圉险要，宜汇集成帙，名曰通志，诚一代之文献也。迄今各省尚未编修，甚属缺典，何以襄皇上兴隆盛治乎？除河南、陕西已经前抚臣贾纂修进呈外，请敕下直省各督抚，聘集夙儒名贤，接古续今，纂辑成书，总发翰林院汇为《大清一统志》"等因前来。查直隶各省通志，关系一代文献，除河南、陕西二省已经前抚臣贾纂修进呈外，其余直隶各省通志，请敕下各该督抚，详查山川形势、户口丁徭、地亩钱粮、风俗人物、疆圉险要，照河南、陕西通志款式，纂辑成书。到部之日，送翰林院汇为《大清一统志》，恭进睿览可也等因。康熙十一年七月二十四日题，本月二十七日奉旨："依议，钦此。"钦遵抄部送司，奉此。相应移咨案呈到部，移咨到部院，准此。拟合就行备牌，行司道、府、县，照依部文奉旨内事理，即将县属山川形势、户口丁徭、地亩钱粮、风俗人物、疆圉险要，查确汇集，备造成书。具由报府查阅，分缴布司、海道，转报督、抚两院咨部施行。

康熙十一年九月　日给

凡　例

一、旧志修于明万历初，迄今百年，未登纪载。遵奉功令，纂辑成书。缀事编年，概从实据。

一、建置沿革以旧志为据，不敢妄有所附会也。

一、邑志悉仿《八闽通志》及《汀郡志》立例，其目录、事条颇异。盖志一邑与志一郡者，详略固自有体也。

一、大书以提其纲，小书以著其目。分门析类，即始见终。

一、形胜有常，风俗屡变，皆参旧志而详之。

一、封域以下，通为十二卷①，各依次序编定，以便观览。

一、旧志分卷，别为小序而首引之，今直书其事而附论焉。盖岁远则异同难察，事积则起讫易疏。总会详悉，欲其博综于稽古也。

一、志中如"封域"为纲，则高一字；条目如"分野"之类平提。余例仿此。

一、见②任官有治行卓异，但撮大要以记其事，不敢入于《名宦》中，以免士君子阿附之讥。

一、历官已入名宦祠者，另疏其传。其政绩显著应入《名

---

① 经查考，十二卷目次为封域志、营建志、学校志、赋役志、秩官志、选举志、人物志、兵制志、丘垄志、灾异志、艺文志、题咏志，但现存目录仅列十卷（含卷首）。丘垄志、灾异志附在卷九兵制志，题咏志附在卷十艺文志，另续增附入卷十。

② 见，同"现"。

宦》者，亦立传以纪之。余但书姓名、籍贯而已。

一、邑中乡哲已入乡贤外，有一二杰出者，亦各著其事迹于名下，以示不没人善之意。

一、人物必没世方定，旧载悉依志之。至为今时，公论所推者亦采录，以劝将来。若其人尚存，虽贤能超卓，不敢概书，恐招物议，亦将有待。

一、志载学田，旧毁一十二板，田多侵没。今稽查余亩及新增者概详记之，各祠祀典亦附焉。

一、文翰旧志颇略，今采辑其未备者以俟后之君子。

凡例终

县　总　图

邑布衣张伯龙写

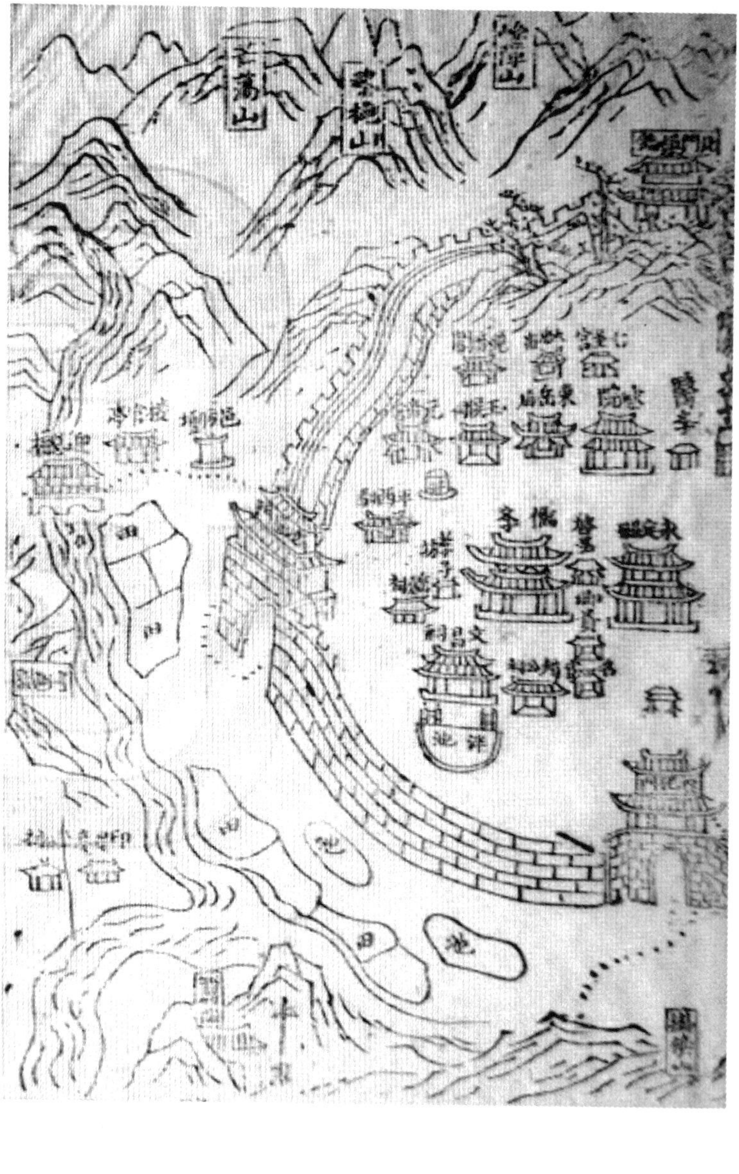
文昌祠
泮池
田
池

图一 城垣图

图二　县总图

图三　八景图

图四 八景图

志必有图，岂但资披览乎？盖形胜存焉，设险于先，乃嬉游于后。然兴亦由是生，山水固智仁之乐也。永峰叠而波回，石隐于树，行者每曲折登顿，其不能尽写者。幽妍苍蔚之致，则存乎览于斯而意会者。

丹霞李基益 识

志 义

自明成化庚子迄万历乙亥，志凡三刻，距今皇清康熙壬子，九十八载而遥。沧桑迁变，有问以高、曾之事，而茫然不知所考者矣。

值是年冬，天下奉旨修辑志书，时潘父母莅治之五载，即遵檄开局，延儒手校。既以其简明核雅者应宪司之命矣，因谓诸儒："此书之辑，诚百年嘉遘，旷世而逢。盍悉心谘采，勒成全书，俾家有传信而人资考验，可乎？"承命，遂广罗博访，有得自传闻者，有得自闻见者。百年之内，搜录靡遗。

以邑虽弹丸，必明四履；既应分星，必别坎垆。首志封域，而沿革、分野、疆界、山川、形胜、气候、风俗、里图、土产系之。封域审乎地定，中正乎天。望景斯勤，爰兴百堵。次志营建，城池其首也，县署、行署、莅属、邮传，役在官也；坊市、坊表、街巷、市镇，役在民也；坛庙、祠碑、寺观、亭塔，役在神也；陂圳、桥渡、教场、关隘，所以通利济而昭守御也。终之恤政，从同也。

封建既正，文教聿先。故宅镐首，辟雍閟宫，继泮水也。又次学校，宫墙昭百官之富美，祀典详万祀之明禋。名宦尸召杜，乡贤仰陈王。书院造成人，社学育小子。益之学田、地租，防去籍也。诗书定于先圣，什一定于维王。明伦则校、序、庠，制取则贡助彻。又次赋役，凡丁户、徭役、机站、纲徭、存留、起运附之赋役。全书列颁册，以备考也。

自郡县而来，官无世传之禄，其阅封域、营建犹传舍焉。而学校兴废，视厥师；赋役烦简，视厥吏。又次秩官，官制而勋阶、爵号可定，知县、主簿、典史、巡检而长吏、僚属攸存，教谕、训导、弁鞈而撰文奋武具在，至五日之京兆必载，示无旷官也。一展卷，不亦仁暴攸分，能否悉见乎，入官之途不一，惟士为多。官之文武有殊，流品亦异。又次选举，则荐辟犹有古意，虺封宠以王言。由帖括进，有科甲、恩拔、岁贡；由韬略进，有武科、武职；由赀即进，有例贡、儒官、应例，由庶人在官进，有吏员。而内宦、阴阳、医官，一唯其人之自致矣。至夫选举途宏，贤俊辈出，不愧科名，不惭铨选。

又次人文，若名臣、直臣、忠臣、循吏、文学，或笔垂著述，或事系君民；孝义、节烈、儒行、乡善、隐逸、仙释，或烟霞带韵，或弁钗流芳。系之以文，斯其义分乎经纬矣。卷将阕矣，续以兵志、丘垄、灾变，而文翰终焉。是役也，始于壬子冬，剞劂于癸丑冬。

潘父母鸿裁于上，邑绅熊君兴麟、林君文聚、江君奋龙、吴君祖馨校订于下。草创者则赖玠、吴利见、黄甲殿、郑孙绥、卢济泓、廖起龙、郑世英，讨论修饰者则沈墀、吴晋、熊卜伟，而钧奏实专润色焉。其纪载核而无夸，其论断质而无华，因仍旧志者十之三四，踵事增华者十之五六。刘勰曰："造情指事，不求纤密之巧；驱辞逐貌，惟取昭晰之能。"斯言也，愚实奉为矩矱云。

邑贡生陈钧奏识

编辑姓氏

明

成化甲辰

永定县知县　新昌王　环
　儒学教谕　安福谢　弼

嘉靖己未

永定县知县　长州许文献
　儒学教谕　揭阳陈希中
　　　生员　陈　昊　张一溁

万历乙亥

永定县知县　分水何守成
　儒学教谕　归善李应选
　　　生员　卢国臣　赖一相　郑仁密
　　　　　　卢　赞　郭　书

国朝

康熙壬子

永定县知县　三韩潘翊清
　儒学教谕　罗源黄甲先
　　　典史　富平刘自清

总　裁

赐进士第、湖广监察御史、邑人　熊兴麟

举人　吴祖馨

同　修

赐进士第、湖广长沙县知县、邑人　萧熙桢
赐进士第、广西兴业县知县、邑人　黄日焕
乡进士、浙江嘉善县知县、邑人　阙　振
恩进士、江西宁都县知县、邑人　林文聚
岁进士、永春县学司训　　　　　郑士鸿
岁进士、武平县学司训　　　　　江奋龙
举人　吴宾王　孔煌猷　卢　化
贡生　王日中　赖进箴　阮光周　陈上箴
　　　吴祖芳　熊有翼

纂　修

贡生　陈钧奏
生员　赖　玠　郑孙绥　沈　墀　黄甲殿　卢济泓
　　　廖起龙　吴　晋　吴利见　熊卜伟

增辑姓氏

国朝

康熙丁丑
署永定县事、连城县知县　泰兴赵良生
儒学教谕、举人　海澄李基益

典史　顺天王士奇

同　修

赐进士第、江南淮安府同知、邑人　黄日焕
赐进士第、湖广长沙县知县、邑人　萧熙桢
乡进士、江南繁昌县知县、邑人　卢　化
乡进士、浙江奉化县知县、邑人　熊昭应
乡进士、原贵州新贵县知县、邑人　吴利见
乡进士、原直隶雄　县知县、邑人　卢　清
举人　吴廷芝　詹　捷　廖冀亨　赖际可　林穦春　黄策麟
贡生　陈云行　阙　魁　吴云芝　吴维甸　阙月卿　孔元发
生员　吴　晋　卢鸿声　廖　枫　朱　笏　阙士鹤
　　　萧廷璠　卢彦彧　黄鼎基　吴　嵩　熊孙鹤
　　　江绚来　张月蟾　卢登莱　熊光佑　邱天桂
　　　戴其亮　郑　宜　张月鹿　卢祖熺　丘天棓
书真　江西进贤县胥时亮
刻工　进贤县罗君尚　吴文英　郑世英
誊正　漳州府生员吴宗礼
誊草　吴继祯
漳州府刻工　曾士荣　林应聘　李上锦　洪日昇

永定县志卷之二

封　域　志

星野　沿革　疆界　山川 附古迹、井泉
形胜　气候　风俗　里图　土产

星　　野 隶于汀属

二十八宿牛女。

十二次舍星纪。

其辰在丑。

北斗第四星属权。

斗杓第六星为闿阳。

三台属上台下星。

天市为垣第六星。

候在荧惑，占于鸟衡。

其域为扬①州。

论曰：《周官》：保章氏以星土辨九州之地。所封封域，皆有分星，以观妖祥。僧一行曰："星之与土，精气相属，而不系于方隅。善测者以纬承经，寸而析②之。不专于其星，而于其辰。此星家所以有荧灭、退次、市众、岁实之验也。"语曰："天道

① 扬，原文为"杨"。
② "析"字据福建师范大学图书馆藏抄本补。

远，人道迩。"又曰："郎官上应列宿，弭灾召祥，是在莅兹土者矣。"

沿 革

夏 《禹贡》属扬州之南。

周 列职方为七闽地。子孙七种，故曰七闽。明洪武元年，置福建布政司，辖八府，又曰八闽。

秦 属闽中郡。

汉 属闽越国。后为县，属会稽郡。

东汉 属会稽南部都尉。

三国吴 属建安郡。

晋 置新罗县，属晋安郡。

唐 开元末，始开福、抚二州山洞置汀州。寻改新罗为龙岩县。代宗中，于湖雷下堡置上杭场。即今丰田里。南唐保泰①，徙上杭场于艺梓堡。今太平里。

宋 淳化间，升上杭场为县。迁于郭坊。

元明 因之。

明 成化十四年，流贼钟三等啸聚溪南。贼平，巡抚高明奏析上杭溪南、金丰、丰田、太平、胜运五里地，凡一十九图，置县镇之。邑名永定，取永远平定之义。号曰龙冈，以山名。又曰凤城。以形名。

按：州县之沿革，或有以县升者，或有以州降者，或有以土旷人稀、割四周之地而立者。永邑析②自上杭，概以成化庚子为开治之始，历百六十三年。

---

① 保泰，乾隆志、道光志为"保大"。

② 析，原文为"杤"。

国朝定鼎，至顺治三年，始入版图，仍名永定。其封域、疆里，悉如旧焉。

疆　　界 附水陆程途

县在府治之南，东西相距广二百七十里，南北相距袤一百八十里。

东陆路　自县至隘头界一百二十里，自界至漳州府二百一十里。

西陆路　自县至官田界六十里，自界至上杭县六十里。

南陆路　自县至蕉叶坪界四十里，自界至广东大埔县四十里。

北陆路　自县至水槽隘界一百二十里，自界至龙岩县一百里。

东南陆路　自县至清漳巡检司界一百二十里，自界至平和县一百里。

东北陆路　自县至博平岭界一百二十里，自界至南靖县二百里。

西南陆路　自县至河背界五十里。自界至广东程乡县一百里。

东水路　自县上流至合溪①六十里，自合溪由武溪东至深溪二十里，自合溪北至高陂二十里。

南水路　自县顺流至锦丰窑三十里。

论曰：王者，无分民，有分土。星野，天之分土也；疆界，君之分官若民也。里图至到，又官取民之地而细分之也。故曰：

---

①　合溪，今称洽溪。

行仁政自经界始。永定疆界固焕然矣。至其夫役之劳逸，关隘之
要害，实赖抚字者为斯民留心焉。

山　川

龙冈山　县治艮山也，脉发桳山嶂，逶迤蜿蜒，蟠若龙卧，
故原名卧龙山。

挂榜山　县治前，与儒学对峙，方幅若挂榜然。

钓鱼峰　在县治东南，名曰巽峰。

龙门山　为邑东镇。盘旋耸秀，与贵人峰并峙。载《舆记》。

桳山嶂　在县北，即卧龙山之祖也。廉贞发脉，嶂焰凌霄。
跨太平、丰田、溪南、胜运四里。界上有石如马，谣云："石马
鸣，则有兵。"成化十四年，寇乱，太监卢胜征兵击毁。

印匣山　为邑西镇。

眠象山　在县南二里。当水口转流，形如眠象。

三峰山　在县北三十里。自桳山嶂连屏穿峡，萦纡起伏，至
于卧龙山。

水珠峰　在县南。两山相向，界悬飞瀑。

贵人峰　邑之左镇。与龙门山对峙，前为佛子峰。

双髻峰　在县北。双耸凌霄，县龙少祖。嘉靖间，建白云精
舍，今复修之。

雪竹峰　在县南。峰峦秀丽，为邑之胜概。

双岐峰　在县南。二峰齐秀，状如珏玉。

满山红　在县西南四十里锦丰窑，为水口山。崒崔雄丽，据
潮州界。相传有父子采薪，父睡山麓，土忽自瘗，仅露足趾。其
子牵觉，渍血识之。复至，则满山土木皆红矣。

铜鼓山　在太平里。高千余仞，广袤数里。有岩窦、井泉、
石壁。上有倒书"千年"二字，径尺。旧传有铜鼓从空而堕，至

山腰，击石裂泉，溢为巨井。其深莫测，时有双鱼出游，网不可得。谚云："铜鼓一闻，岁大丰熟。"载《一统志》。

　　茫荡山　在太平里。绝顶为凤凰崠，崔巍磅礴。跨龙岩、连城、上杭、永定四县界。紫府楼台，仙灵窟穴。陈钧奏有记。

　　笔架山　在太平里。峰峦秀峙，形如笔架。高出群表，为四远望山。

　　松柏崠　县南三十里。跨永定、大埔二界，立关隘御寇。

　　黎袍崠　在胜运里。远望如画。

　　牙梳崠　在胜运里。分水南北，介于杭、永之间。

　　桃坑嶂　在溪南里。峰峦高耸，林木蓊蔚。

　　分水岭　在县西四十里。路通上杭，水分胜运之北，溪南之南。

　　缘　岭　在丰田里。路接漳州界，鸟道纡回，脊有员墩石。名"缘岭"者，乃误"员"为"缘"也。

　　三层岭　在金丰里。羊肠三折，路通大埔、平和，为险隘处。盗寇出没，故设巡检司防御焉。

　　寒水凹　在县西北，路通上杭。成化辛丑，邑令王环凿石开道，志其石曰："千古乾坤，胚胎永定。成化肇分，万年归正。"

　　东华山　在丰田里东安乡。其山夙为虎穴，道人黄华音入定于此，虎遂潜踪。嵯峨百仞，巨石嶙峋。每深秋，白露满壑，弥漫茫如洋海。半夜凭栏俯视，石间瑶簪、玉笋遍插。云盘殿前，有石如鱼，有峰如笔。顶有登山路，人或立之，宛在笔尖。其左山空嵌，风入之时，作桴鼓声。顶有天池，旱岁不涸。池上有猴王冢。时届清明，众猴揭他冢纸，环挂墓巅。百十为群，采果以祭。其或逐队嬉游，悬崖走壁。有时佛性如人，合掌听经。寺侣呼为道友云。龙岩王侍郎命璿、邑庠沈文熠各厚施其庵。邑人吴煌甲、陈钧奏读书其中。

　　瑞堂山　在丰田里上湖雷。三山并峙，高插云表。乡人建真武庵其上。

　　元湖山　在龙门。僧释空迎大洲庵真武像，建庵祀之。

　　般若山　在丰田里，界于阴阳两岩之间。僧湛然建庵于此。

　　西华山　一在丰田里，道人李东流建庵山顶。一在胜运里汤湖乡，山下里人赖搏九建庵。

　　乐真山　在金丰里太平寨。初为道观，至崇祯年间，僧洞明改立禅宗。仍名。

　　石麟山　在太平里。石洞深广，燃炬可入。中横石案，旁有泉源。乳穴丹室，不胜名状。详入记中。

　　白云山　在县东二十里，僧音石居此。周围植竹，环抱如城，又名竹城山。

　　东华岩　在县东。有石岩，邑耆吴论辟之，忽有水流石佛一座，因祀于岩。

　　龙显岩　在太平里黄田村。岩侧有石似龙，奋首掀爪，鳞甲俨然。岩壁间，有石笋突出，中间有窦。乡民结庵其上。

　　虞坑岩　在丰田里。石洞深邃，宛若龙蟠，祀佛其中。

　　狮子岩　在太平里。形若狮子，远望皆见。

　　阳　岩　在丰田里，潘祖师成道处。

　　阴　岩　与阳岩对峙，赖祖师成道处。

　　鳌　石　县治西，杭陂溪水弯绕其下。以形似鳌，故名。

　　五　石　县北后龙山。名狮子石、犀牛石、砚池石（常有墨润）、幞头石、朝元石。

　　莲座石　在邑东金丰檬林村。石峰高耸，雄峙中天。上有三层石盘，可行可卧，可坐可觞。时有火光出现，石山吐土。冈五支，中支邑人熊兴麟寿域在焉，形家喝为"麒麟吐焰"。

　　莲花石　即鱼矶石，在溪南大溪中。状若莲花，石壁间一妇逐鹅。长老相传，谓之"仙女逐金鹅"。

　　龟印石　县南五里许黄竹隔。盘踞溪中，其状如龟，具八卦文。

二狮石　在金丰里大溪岐岭。双石如狮，盘踞两岸。举人游瀛洲有记。

矶　石　溪南水口。崇祯年间，连城木商谋凿石贩木。生员王铨爵、吴懋中、沈文熠、赖馨鼎、吴迪光等佥呈县，申请三院批禁。

文　溪　在太平里。发源孔夫，径①坎市②通舟楫，至合溪，会武溪水，顺流大洲溪。

武　溪　在丰田里。发源寒袍崠员岭，经龙潭，至深溪。通舟楫，顺流合溪，会文溪水。

大洲溪　县东。横带县治，会西河水，出申位三十里至锦丰窑，沦石而出。舟楫至此过矶。

西　溪　发源棕山嶂，径江坑、湖家地，至李田，筑杭陂入城，散润郊外。其正脉，由迎恩桥绕西山而下。知县许堂筑堤障之，水势弯环至县南，入于大溪。

丰稔溪　自龙岩发源，经上杭黄潭，过胜运里丰稔寺，至汉磜碭合大溪，始通舟楫。

龙　潭　有三：一在箭滩上流，乡人祷雨辄应；一在溪南杉子塘，旧传龙见于此；一在丰田，王阳明先生留诗处。

放生潭　在县东，旧名石圳潭。养鱼江中，饲以米饭，闻铎而至，网罟有禁。景称"潭阁呼鱼"即此。

涵水湖　在县西南。澄彻潆洄，中起一阜，旁有温泉。

---

① 径，经过，今用作"经"。
② 原文为"高陂"，然文溪水并不流入高陂，显误，校改为"坎市"。

古　　　迹附[①]

龙磜洞　在县南。石崖空广数丈，内有石床、石几。昔传有神人寓此。

圣窖石　在胜运里大新村。二石，一阴一阳。传有仙驱至，掌迹尚在。

玉篆石　在大阜坑。浮于水面，有文如篆，人谓"仙人玉印"。

金船塘　在太平里虎[②]冈山中。泓然一湖，形如巨舰。旧传有金船浮沉于此。

系舟石　在云龙桥侧。昔王阳明系舟于此，有诗。其象如凫，又名浴凫石。

淘金县　在金砂村。旧传其地产金，有神人鞭石筑城于此。

仙人石　在龙门。石高数丈，状如正笏。下有大人迹，相传仙人到此。

许公堤　县南。知县许堂筑建印星台，以课多士。景称"南[③]堤烟雨"即此。

文山石　在文山亭。大书"宋丞相文天祥过此"。

莲花嶂　在金丰里东洋村。唐惭愧祖师诞生处。

掷鱼潭　惭愧祖师幼牧牛，其嫂饷以焦鱼，师不食，放之潭中，鱼遂活。至今产鱼，一体而半焦半润。

玉枕穴　在溪南里镇里。旧传，吴吉甫自博罗舆母彭氏榇归，至此风雨大作，举引不行，遂下葬于斯。

---

①　"附"字校补。

②　虎，原文为"斧"。

③　南，原文为"西"，校改。本卷《形胜》之"后八景"作"南堤烟雨"。

井　泉 附

县治仪门右井

南街锦衣坊左井　里人吴璘开凿，深三丈许。水味甘冷，味如惠泉。时或水花高涌，恒为科名之占。旧基稍狭，其曾孙吴懋中捐地五尺扩之，汲者便焉。

北街横直左角井　**东城内井**　**西城内井**

万寿寺前街下左边小巷近内城濠井　今废。

双井　在溪南里。澄清不涸，居民汲饮，遂以"双井"名村焉。

论曰：永地奠于闽南，顾其山之高厚，其石之灵奇。其岩峒之玲珑谲怪，有非他邑所可逮者。至于水通舟楫，泉辨阴阳，古迹以穷登眺，凿井以食地德，悉备采之，使简阅者如数家珍，指掌螺焉，亦辨方志胜之意也。

形　胜

龙冈后峙，榜山前列。

文笔秀出南离，印匣镇奠西兑。

龙门耸于来山之东，眠象屹于水口之南。

二水合流，回环如带。

一湖澄彻，潋滟成文。

前八景

晏湖鱼化　古镇锋销　棕嶂连屏　水珠叠翠

温泉晚浴　杭陂春耕　龙门樵唱　鳌石渔歌

后八景

北楼夜月　南堤烟雨　榕坛春翠　松院秋声
巽峰迎旭　凤渚维舟　龟石浮印　潭阁呼鱼

论曰：永邑形胜，无块山浊水。士产其间，往往清慧而文。至于人多慷慨，持气节要，亦毓气使然。昔孙楚云："其山崔嵬以嵯峨，其水家沕潒而扬波，其人磊砢而英多。"殆似此也。

气　候

气候之书，惟以《月令》及《夏小正》为正说者。谓夏都安邑，即今山西；秦都关中，即今陕西。其地偏于西北，非气候之适中，不可以概天下。然气候有早晚而无盈歉，有先后而无偏正。间或小殊，亦地气里差之不一耳。今以《月令》、《夏小正》为的，其殊于二书者，即为永之气候。其不录者，皆同也。

正月　《月令》曰："东风解冻，永地无冻。其冻者，或于十二月及正月，连日严寒，风霾不散，遂凝为冻。山峦瓶盎之中，结为冰面，厚仅一二寸，稍燠即解。候雁北。"《夏小正》曰："雁北乡。"永邑在湖湘之东南，雁飞不到。唐高适诗云："大都秋雁少，只是夜猿多。"

二月　《月令》曰："桃始华，永地多暖，桃多十月花，正月则蕡实矣。玄鸟至。"《夏小正》曰："来降燕乃睇。"永燕有二种：一红颐，季秋隆冬之间，蛰于海岛；二月来，多在治巢于堂，至八月归；一白颐，无分寒暑，在乡落巢于檐。

三月　《月令》曰："戴胜降于桑。"永地亩不栽桑。纵有戴胜，亦降于别枝耳。《夏小正》曰："颁冰。"永俗不藏冰，语以"北地饮冰"，则相视而疑。

四月　《月令》曰："蝼蝈鸣。"《夏小正》曰："鸣扎。"又曰："鸣蜮，永地多水田，二月之间，田坺内哈哈有声。每至黄昏夜静，遍地蛙哈。不辨其蝼、蝈、扎、蜮也。麦秋至。永地间或菽麦，然三月即刈而栽秧。以此地言之，则麦秋当移于三月矣。"《夏小正》曰："囿有见杏。"永不产杏，其枇杷、杨梅、蔬蓏之属四月大出，不必是月而始生黄瓜、苦菜也。

五月　《夏小正》曰："心中种黍。"永农服早稻再熟，其刈早也，以小暑始；其刈晚也，以小雪始。若小暑在五月内，凡黍秋之类皆食新矣，未闻五月而种黍也。

六月　《月令》曰："大雨时行。"是月有时雨，山溪暴至，桥梁为圮。谚曰："时雨三昼。"然雨当入伏之日，又有雷鸣，名为"漏伏"。至秋后，暑倍于夏。

七月　《月令》曰："寒蝉鸣。"《夏小正》曰："寒蝉鸣。"小蜩如蟪蛄者，鸣于四月。是月有大蝉，音嚖嚖然，抽响三十余声，中能转调，俗名纺绩蝉①。

八月　《月令》曰："鸿雁来。"既不辨其向，又乌见其来乎？《夏小正》曰："丹鸟羞白鸟。白鸟者，谓蚊蚋也。"永地下湿，多生蚊虻。四月之间，已营营嘈参人矣。

九月　《月令》曰："草木黄落。"南方气燠，至冬，木不尽脱叶，非独永也。故是月菁葱犹故。《夏小正》曰："王始裘。"自开治来，罕衣挟纩，绝不识裘。近时多寒，乃沿"始裘"之令。

十月　《月令》曰："水始冰，地始冻。"寒气未深，时带余燠，故俗谓之"小阳春"。冰冻之事，永未之闻也。

十一月　与《月令》、《夏小正》同。

十二月　《月令》曰："水泽腹坚。"永无严寒江冻，溪涧池

---

①　纺绩蝉，今称为"纺织蝉"。

沼之水，四时清彻，涟漪不改，况腹坚乎？

论曰：永邑气候，或见于草木，或见于禽虫。然但有早于《月令》与《小正》，未见有迟于《月令》、《小正》也。王制曰："凡居民材，必因天地寒暖燥湿。"是气候之志，亦修教齐政之一助云。

风　俗

山高水驶①，土爽地腴。

民性质直，气习劲毅。

人无万金之家，力作三时之务，有古唐风。

艺不求工，商不远贩，子弟充衙役者多不齿。

士勤学问而擢科名，宦尚清廉而敦名节。

文物如邹鲁，家多著述。

闺门有礼，而孀居完节者多。

婚必亲迎，丧祭用家礼，少信佛事。

灾、疾、吊、贺，有关切意。

陈一新云："风声气习类中州。"

黠者轻生好讼，君子、小人略无分别。

愚民或因小忿，间咡②断肠草以相图赖。

节　礼

立春　先一日，邑令率属迎春于东郊。次早鞭牛，观者以米

---

①　驶，意为"迅速"。

②　咡，疑为"饵"字之误。

撒牛，以祈丰穰，争取其土以归。

元旦　起，拜天地、家神，进香祠庙。先叙男女、尊卑、长幼，叩拜，谓之"贺年"。

上元　各处剪纸为灯，悬之庭户，又间为龙灯、鳌山。结彩庆节者，自初六日至十五日止。

春社　各里社神作社会，颇有枌榆遗风。

惊蛰　老农验是日阴、晴、寒、燠，为播种之候。

清明　设酒馔鼓乐，往祭先坟。去墓草，挂楮。

端午　门悬蒲艾，泛蒲酒。坊市造龙舟竞渡夺标，遗角黍，仿吊屈故事。亦云"禳"也。

六月六日　乡民祀土谷神，为社饮。祭肉必均，择日而试新。

七夕　是日，曝书籍。夕，陈瓜果于庭，祀牛女星。稚女罗拜而乞巧。

中元　祭奠先祖，化纸钱。是夕，设净几，盥栉，俨如先灵至止①。

秋社　各里报祀，如春社。

中秋　城市设酒赏月。以月之明晦，定来岁上元之阴晴。八月祭先坟，如清明礼。

重阳　以茱萸泛酒，或登高聚饮为乐。

冬至　家设羹饭贺冬。积水造酒，以为春醴。

小除　廿四日，俗云"小年"。祀灶神，用果品米食斋供。

除夕　除旧物，易桃符，凿黄纸为钱。用红纸书春联，贴大门、堂室。蒸米为岁饭，盛馔荐先祀灶，谓之"辞年"。放爆竹以避寒迎燠。老幼围炉守岁。房厨灯烛，彻夜不断，谓之"上灯"。

附：讲《六条》

每月朔、望清晨，耆老摇铎以徇于道路，大声呼《圣谕六条》：孝顺父母，尊敬长上，和睦邻里，教训子孙，各安生理，毋作非为。

随赴县，候县宰升堂，由中门入，诵《圣谕》：尔俸尔禄，民膏民脂。下民易虐，上天难欺。仍诵《六条》，由中门出。

县宰堂事毕，率属下官民，择城内空阔公所，悬《圣谕》于上，设坐两旁。有司列左，乡绅列右。选声洪亮者朗诵《六条》，用民间浅近俗语解释之。

每条毕，童子数辈歌诗一章结之，士民环立拱听。乃赏里人之善而罚其恶者。每月率以为常。

论曰：读法、陈诗、饮酒、纳价，先王维持风俗之大端也。后世讲读《六条》，近之矣。今俗之最善者曰急公，俗之最坏者曰好讼，人能以好讼之心移于急公，则官府无鞭赎，而闾阎敦仁让，太平百年矣。夫子曰："君子之德风。"推其原，惟在上之好善始，诚知风之自也。

里　　图

洪武年间，丈量田土，改乡、团为里。成化十五年，析上杭县五里一十九图编户隶永定县。

溪南里　旧为兴化乡。原编户六图，今析出第三图溪以北者，属上杭县。见①存五图。

金丰里　旧为金丰乡。原编户十图，后省六，今见存四图。

---

① 见，同"现"。

丰田里 旧为安丰乡。原编户十图，后省六，见存四图。

太平里 旧为太平乡。原编户九图，后省五，见存四图。

胜运里 旧为胜运乡。原编户十一图，今析出第五图、六图隶永定县，其余九图仍属上杭县。

论曰：永邑统五里一十九图，舆图褊矣。然里分割而粮不尽割，致有寄庄于杭之名。一民两役，令人叹不均焉。

土　产

谷之属

稻、粟、麦、麻、棱禾、豆。

帛之属

苎布、蕉布、麻布。

货之属

铁、蜜、蜡

纸　金丰民多抄纸。

油　茶油、桐油。

茶、竹麻、红曲、锅、篾帽、灯笼。

蔬之属

芥菜、萝卜、菠稜①、苦荬、蕏莛、苋、韭、芹菜、茄、瓠、芋、姜、葱、蒜、芥蓝、笋、薯、蕨、瓜、蕌、白菜、茼蒿、瓮

---

① 菠稜，即菠菜。

菜、水蕲、兰香、胡荽、时萝、莆藤、当菱、丝瓜、冬瓜、柚头、西瓜、葛、甜瓜、土瓜、蓇菜、莴苣、莴菜。

果之属

香缘①、石榴、橄榄、扁橘、枇杷、杨桃、李、碧桃、葡萄、梧桐、棘九、菱琼、梨、栗、梅、蕉、柚、橘、柑、柿、蔗。

药之属

草决明、车前子、金银花、粘鼠子、天南星、仙遗粮、山栀子、羊蹄草、益母草、石菖蒲、牛旁子②、麦门冬、款冬花、栝楼③、香附、艾、香薷、扁竹、紫苏、山药、牛膝、茱萸、椒、香茅、荆芥、薄荷、蒺藜、茯苓、稀莶④、巴戟、木骨。

竹之属

苗竹、箬竹、淡竹、苦竹、筋竹、麻竹、笙竹、紫竹、黄竹、绿⑤竹、箭竹、簕竹、簞竹、苦油竹、凤尾竹。

木之属

松、柏、檬、槐、桑、柳、枫、楮、榕、桐、杉、檀、槠、杨、朴、棕、樌、樧、构、橙、榉、乌臼、冬青、棠梨。

草之属

茅、芒、荑、蒲、独帚、蕨毛、苦草、凤尾草、马鞭草、金星草

---

① 香缘，今为"香橼"。
② 牛旁子，今为"牛蒡子"。
③ 括楼，即今"瓜蒌"。
④ 稀莶，即今"豨莶"。
⑤ 绿竹，原文为"缘竹"。

断肠草　藤生，叶似扶留而小，毒人致死。愚民有争，辄咡以恣图赖。知县危言务去其种，罪赎不征银，令犯者锄草千斤抵赎。焚之。国朝太平司巡检郭天福，重加芟除万余斤，亦阴德事也。知县岳钟淑遇有服毒不起者，辄令地方具棺埋之，不得图赖良家。其功尤深于锄断肠草者。解法：用绿豆浆，或地黄浆，或甘草汤，或雄鸭血，或人粪搅水，俱疗；又鸡卵清调石榴干叶末灌下，俱可。最效者，瓮菜汁，无叶用根。

花之属

山茶、海棠、木槿、蔷薇、芙蓉、芙桑、莲、长春、茉莉、瑞香、紫荆、夜合、菊花、兰花、萱花、鸡冠、金凤、木樨、凤仙、玉簪、含春、杜鹃、宝珠、木芙蓉、玉簪梅、赛兰。

禽之属

鸡、鹅、鸭、鸽、喜鹊、鹦鸽、山鹊、郭公、百舌、布谷、啄木、画眉、水鸭、鹧鹕、燕、鹡令、竹鸡、鹧鸪、鹭鸶、翡翠、相思、鸠、野鸦、苦眉、青鸠、白头、雀雉、鹞、鹳、黄鹂。

兽之属

牛、猪、羊、犬、猫、虎、豹、豺、獐、麋、鹿、猴、狐、獭、麂、山犬、野猪、鼠、兔、穿山甲、田猪、毫猪。

鳞之属

鲤、鲫、鲢、鳝、草鱼、田瑟、鳛黄、泥鳅、鲩、盆鱼、金鱼、虾、乌鳢。

介之属

龟、鳖、蟹、蚌、螺。

虫之属

石蜐、水鸡、虾蟆、蛇、蜈蚣、蚯蚓、蜘蛛、蟾、螳螂、萤、蟓蛉、蟋蟀、螽、苍蝇、蚁、蜂、斑茅、蝠、地蚕。

论曰：考之《周礼》，荆州之丹银，不同于青兖之蒲鱼；幽北之鱼盐，不同于豫州之丝枲。凡以地气不齐，故所产亦异。永壤硗埆，异物不生。志特备其名耳，求其可以充匕筯，供玩好，异物百不得一焉。惟土宜禾，则种谷以宁妇子，以利输将。公私之用，取给于此。如必按籍以求，是何异二酉之藏书、连州之金穴，徒有其名也哉！

封域卷之二终

永定县志卷之三

营 建 志

城池	县署	行署	坛庙	祠碑	属莅
邮传	坊市	坊表	街巷	市镇	陂圳
桥渡	亭塔	教场	关隘	寺观	恤政①

城　　池

　　明成化十四年，始创县治。弘治二年，监生赖高奏请筑城。适岁饥，不果。五年，知府吴文度具禀，巡按吴一贯奏行，凡县无城者，悉令筑之。知县陈悦又具申，未报。后巡按陆完暨藩、臬诸公，按郡知府吴文度仍力陈利害以请。于是筑城之议始决。参议王琳、金事王寅，相继临县，相度地势，询谋金同，俱有成命。委知县陈悦、典史朱麟、医官张以璇等分督之，推官徐楷催督之，而里人进士赖先为之左右。七年九月，肇工方殷，而徐楷罢、陈悦故，巡道周鹏复为总督。乃命长汀主簿吴俊摄县以监其事。九年，知县宋澄莅任。适朝廷轸念边方弗靖，简命御史金泽抚镇是邦，首询及此。遂令有司稽查工料，趁时修筑。随荐旧分巡金事伍希闵，再奉敕整札上杭，殚心经画。十年，而工始讫。城之基址，周以石版，甃以陶砖。周围七百七十六丈六尺六寸，基广二丈有奇，面广三之一。南临田，高二丈九尺有奇；北倚山，高杀于南十之一。内外马道，广一丈五尺。壕二丈余，深半

---

① 　以上目次按原文照录，与正文标题多有不一致之处，各卷同。

之。为门四：东曰"太平"，西曰"迎恩"，南曰"兴化"，北曰"得胜"。各建敌楼，周围窝铺十六所。弘治十七年，知县陈济因北门不通衢路，岑旷可虞，用砖砌塞。嘉靖三十七年，知县许文献于三城门檐复增铁门三。所用横闩二根，仍加直闩于下。三十八年二月，北门前砌单薄，再用三和土填之，祀真武其中。北楼雄峙，匾①曰"北门锁钥"。三月，因北城下无河，钉苗竹钉，阔一丈，长二百九十九丈七尺，以防攀越。

迎恩城楼 丙戌年毁。国朝知县赵廷标重建，高不及旧楼数尺。

南门 城外濠池，共一百四十五丈，递年纳租银一两四钱五分正。因承平既久，赁濠池者，或堆土成田，或堆土架屋。顺治间，乡绅江奋龙、熊铨元等捐资复浚濠池。

东门 城外官地、店肆，间岁出租，银二两。四城内外马道，旧制未详广狭。知县许文献重修，志载"一丈五尺"。隆庆三年，东城内居民廖林凤，自将父置屋侧地四尺送官输租。时知县陈翡申详本道袁批："廖林凤岁纳租银二钱五分，付入濠池，少助修城之用。"令记善簿，赐匾"崇让"。今东城内马道，见存一丈一尺，纳租四尺，共一丈五尺。

论曰：王公设险，必建城池，所以重地利也。永定城池建于龙冈，城垣楼铺，半挂山巅，公署民居，森列平麓。塞北门而险要有防，凿南池而冲突可御，固已安如泰山矣。然语曰："不惟其，惟其人，则长城可倚。"不又在明恩义以固人心乎？

---

① 匾，原文为"扁"。下同。

县 署

按旧志："县治在布政司西。"知县王环因地形未胜，欲申改，不果。正德元年，里老张智等呈署县典史叶珵，申巡按饶榶、巡道陶怿会议，邑人员外郎赖先为之亟劝，二公允焉。遂拓旧布政司为县衙。据今四至：东，上抵民居，下抵漳南道；西，上抵儒学，下抵龙门；南，抵前大街；北，抵后大街。万历三年志。县之制，中为尹厅，治堂五楹，邃三丈，广倍之。左二楹，为待客所。右三楹，为典史厅。堂之后则为尹衙：左为簿衙，旧有主簿。右为尉衙。堂之前则为戒石亭，两傍[①]则为吏舍。又前则为仪门，门附余地，左为狱，右为铺。又前为谯楼、冲道，东为旌善亭，西为申明亭。至万历乙酉年，知县姜子贞建议重修，请于府道，征纲银二百余两，以助其费。不足者，捐俸缩资。首修正厅，次营川堂，又次公帑葺东、西仓。建迎宾馆于仪门之外，匾曰"亲贤"；移囹圄于西，缭以高垣。造仪伏库，修赞政厅、东西吏廨。申明、旌善，一如旧制。大门谯楼，岿然大观。内构斋居，崇以宏敞，翼以回廊。经营之力，视昔为劳。至万历四十一年，知县龙应亮改典史厅于东畔，以吏舍三所为之。丁巳年，知县吴殿邦于尉衙旧址建听松楼，附于尹衙。旧典史厅仍匾曰"赞政厅"，每朔望，典史赞治于此。西二间，今为仓房贮谷所。谨录规制，以备参考。

正堂 在仪门内，三间。旧匾曰"琴堂"，曰"忠爱"。今曰"敬畏"。

川堂 在正堂后，三间。

库藏 在川堂左，仪仗亭后。

---

① 傍，通"旁"。

龙亭仪仗库 在正堂左。

知县衙 在县治北，川堂之后。正厅五间，东书房三间，两廊房六间，后屋四间。

听松楼 在后衙右。

典史衙 在县治东，旧吏舍地。前后三堂，左土地祠。知县龙应亮、典史吴光祖改建，刘自清修。

戒石亭 甬道中。

仪门 一座五间。

东西卷房 共十间。

寅宾馆 在仪门外东上。知县姜子贞建。旧曰"亲贤"，今曰"寅宾"。

土地祠 在寅宾馆内东。

狱房 旧在仪门外东下。内外两所。万历间，知县姜子贞改一所于西边，内厅三间，缭以高垣，为重狱。其一所今为羁候所。

鼓楼 跨大门，高二层，广五间。

旌善亭 在鼓楼门之左。

申明亭 在鼓楼门之右。

阴阳学 旧在县治后第三街，深二十五丈，阔一十丈。左右至民居，前至街，后至山麓。缭以高垣，廨舍未造。旧基废，今改建县大门东，旌善亭上。

医学 旧在县治后第三街，深二十五丈，阔一十丈。东西至民居，前至街，后至山麓。缭以高垣，廨舍未造。旧基废。今改建县大门西，申明亭上。

吏廨 旧设于县治东西。东三所，列于东卷房之后，今改为典史衙；西五所，列西卷房之后。

总铺 在大门外西一间，申明亭之上。

际留仓 在县治内，东西共四廒。岁丰籴谷储备，岁凶出谷赈济。其价常平五分。东仓旧废。国朝康熙十年，知县潘翊清于西仓上隙地，捐俸增建四廒，共成六廒。

预备仓

行　署 附

旧志："布政司在县治东。"正德元年，拓其地为县衙，迁布政司于射圃，迁射圃于学右，即今新巷。嘉靖十九年，改布政司为察院行台，迁布政司于县治东卧龙山下。即旧山川坛。

察　院

沿革见前。

察院行台

在县治西北。南抵县后横街，东西俱抵民居，北抵大水圳。

正堂　三间，抱厦如之，左右翼以插廒。堂前东西耳房六间。

川堂　在正堂后。

后堂　在川堂后，左右翼以插廒。堂北左为厨房，右为厢房。

仪门　三间。

大门　三间，左右官房二间，门外大坪，东西房各一间。

布政司

沿革见前。北至庙墙为界，东至吴宅墙为界，西至大水圳为界，南至大坪为界。

布政分司

在县治东卧龙山下。

正堂 三间，东西耳房六间。

川堂

后堂

仪门 三间。

大门 三间，临街，左右官房各一间。以上俱废，基址犹存。

漳南道

在县治东。

正堂 三间，抱厦如之；左右插廒一间。

川堂 三间，在正堂后。

左右回廊 左廊后厨房三间，右廊后卧房三间。

浴房

左右旁房 各三间。

仪门

大门 三间。临街砖屏一扇。嘉靖十三年，知县毛凤拆卸。大门外左右空地，各为官房三间。

公 馆

丰稔公馆 原在胜运里巡检司旁。今废。

武溪公馆 在丰田里武溪，佥事侯廷训建。

接敬公馆 在溪南里六图，县西四十里。

大溪公馆 在金丰里。后迁丰田缘岭，名"半庵公馆"。其大溪旧基存。

论曰：昔公刘陟巘降原之后，遂建言言之堂、语语之室，凡以宣政教、沛恩泽也。邑之中，曰"田心"，旧建县治，左为藩司，又左为道署；右为儒学，又右为府馆。正德间，典史叶珵再移县治。至万历间，知县姜子贞重建鼎新之。琴堂以出治也，宴寝以怡神也，仓库以储贰也。君子居之以向明，小人依之以孔迩。体国勤民之心，当必有悠然而兴者矣。至于上官按部时，外有候馆，内有树宫。今之行署，即古之树宫也，并详于此。

坛　庙①

坛　壝 编坛夫二名

社稷坛

风云雷雨山川坛　以上二坛，旧在县东卧龙山麓，知县王环建。嘉靖十九年，改为布政分司，坛移太平门外。嘉靖三十七年，大水冲去。知县许文献筑于铁坑，尤为形胜。

乡里坛　一在榕树冈，一在印星台。

乡社坛　五里各设一所，岁时致祭。

邑厉坛　在县西二里周缭以垣，一门，设土座二间。成化十六年，知县王环建。嘉靖十年，知县毛凤重修。每年三月清明，七月望日、十月朔日致祭。以城隍主之。

义勇祠　附在城西厉坛前。今之义勇，即《楚辞》所谓国殇也。附于厉坛，岁凡三祭，所以报捐躯死义者也。

论曰：坛壝之设，皆古先王为民之意也。民赖土谷以生，故合祀社稷，以祈年也。祀风云雷雨，以其能长育百谷也。厉，非

---

① "坛庙"，据目录补。

有功于民，祀之者何？子产曰："匹夫匹妇疆死，其魂魄犹能冯依于人，以为淫厉。"又曰："鬼有所归，乃不为厉。"夫殇，伤也；厉，浸也。不可以无归。祀之，所以为之归也。诗曰："岂弟君子，百神尔主。"其此之谓欤！

庙　祀

城隍庙　在县治东。正堂三间，左右耳廊共六间，前饮福厅三间。外大门临大街。成化十五年，知县王环建。嘉靖间知县毛凤、唐灿、许文献，万历间知县何守城、姜子贞，相继重修。国朝顺治十七年，知县岳钟淑重修。

关帝庙　在东北卧龙山麓，旧社学地。万历乙未年，知县张正蒙创建。侍郎卢惟贞有记。大厅三间，门厅三间。廊西建土地祠。门外坊表题曰"万代瞻仰"。一在高陂，巡检郭天福建。

东岳庙　在县治西，王侯祠左。东南抵民居，北抵后圳。三间，东西二廊。顺治十一年，知县沈在湄重修。

五显庙　三：一在县治万寿寺廊西，邑耆丘万球建；一在溪南里黄竹隔；一在龙安寨。

三元庙　一在县治万寿寺西；一在高陂，巡检郭天福建。

邹公庙　在溪南金砂村。

七姑庙　二：一在县治龙冈西麓，举人周行先倡建；一在溪南里折滩。

麻公庙　在虎冈①村。

论曰：考之祀典，明初祀天地于大祀殿，城隍得与太岁、风云雷雨、岳渎山川列坛受享，故郡邑必祀城隍。凡守宰奉简书至，先与城隍誓之。阴阳固殊，其致功于民一也。永无淫祀，自

---

① 虎冈，原文为"虎光"。

城隍外，惟汉寿亭、唐睢阳二庙。按：宋开宝三年诏，祀前代忠臣、烈士，汉得二人，壮缪与焉。文丞相过睢阳庙，有"枯木寒鸦，仔细思量"之句。二公之祀，自昔为烈。永人椒浆之献，四时弗绝。则祀二庙者，所以明君臣之义自无所逃，邪正之分间不容发，匪独崇报宜然，亦读书考古之一助也。群庙散见，各以其地志之。

祠　　碑①

祠

文昌祠　在儒学前，大街之南，晏湖之上。天启元年，知县钱养民、举人赖维岳、生员吴赞、卢日就等募建。署县事霍蒙拯捐俸，创置祀田，立额于祠曰：

己巳中夏，代庖兹土。登文昌阁而谒焉，询之守者，曰："祀事缺典。"适有欲归田于庙者，心甚嘉之，因偿其价，置其田以充祀典，随纪祝文于左，以俟后之君子恢而大之。

祝曰：

魁映斗光，镇紫薇旁。启我哲士，行显名扬。佑及下民，螽斯呈祥。人有心田，种善为良。庙有福田，明德荐香。如牲如醴，以莫不将。悉斯文长，为多士倡。晏池龙跃，榜麓凤翔。亿万斯年，永卜其昌。

国朝辛卯年，巡道赵映乘建社学于祠东，表其坊曰"国人矜式"。湖面周以石栏，共十三架。知县沈在湄有记。甲午，漳寇猖獗，师旅云集，往来将卒，驻札祠内。以故门屏楹栋，坏失过

---

① "祠碑"，据目录补。

半。庚子冬，本府同知卢裕砺署县事，躬诣行香，捐俸修葺，率
生员黄甲殿、沈缵绪、卢凤从、赖飞鹏、吴利见、熊卜瑞、阙月
卿、赖飞凤、吴云芝、熊卜伟、阙魁、熊昭胤、萧沣有等捐资重
修。

明

王侯祠 原系纪功亭，在县之东岳庙右，知县王环建亭碑，
颂抚、按、藩、臬功绩。后里民赖恒、张以璇等以王侯经营草
昧，亦碑颂之，且立抚按、藩臬诸公木主，及塑王侯之像，各捐
资买田，以供岁祀。至嘉靖十八年，知县唐灿因岁久，亭与木主
俱废，独侯之像存焉，故改匾曰"王侯祠"。三十八年，知县许
文献重修，复立诸公木主，遇祀则列于前，以并享之。祀毕，藏
主于城隍庙，以像专王侯故也。

旧志：成化二十年，里民赖恒、张以璇、赖宗辉、卢景象、
简銮、赖伯凤、林廷瑞、张清、谢璘、吴璟等各出银二两，张宗
宝、郑烨、廖世兴、范林受、张盛各出银一两，朱仕富、徐真各
出银五钱，共成二十六两，买溪南里民廖永清田一处，坐落大
圳，东至黄宅田，南至官路，西至林宅田，北至郑宅田为界。大
小二丘，禾税一十五秤，载秋粮正耗米三斗，入于纪功亭，即今
王侯祠。奉祀巡抚福建右佥都御史高公明、巡按福建监察御史戴
公用、福建按察司副使刘公城、福建布政司右参议陈公渤、福建
按察司佥事陈公轻、汀州府永定县知县王公环诸公，岁时香烛、
祀事粮米，割入纪功亭。田与奉祀人承耕。

成化二十年，里民简惟广出银三两，陈庆、林祥各出银二
两，卢宗善、吴克恭、邹文瑶、简宏、吴顺、简明、张以玑、邓
显、张玉、林永昌、谢永宁、林琼各出银一两，共成一十九两，
买溪南里民郑绅田，税一十秤。大小二丘，屋场一所，坐落大洲
庵前，东至大路，西至石畔，南至本宅田为界。载秋粮正耗米二

斗，充入纪功亭。用粮米割入本亭。又简惟广舍鱼塘大小二口，该价白银七两，坐落太平里，地名"塘下西间"。原税五秤，载租米一斗，造册割入本亭，以充祀用。

　　按：前所买祀田，至明季，因循传鬻于庠生郑绍之之手，田去而祀亦废矣。通邑绅衿感王侯开造功高，祀典缺如，久以为憾。于顺治十六年，邑人熊兴麟、卢乾亨、郑士凤、吴祖馨、张鼎焯、萧熙桢、郑士鸿等募禁山银三十四两，赎回绍之前田，禾税六十六桶，载租米三斗。内分四十二桶复充为王侯祀田，春秋致祭。又于是日祀北山真武祖寿，仍二十四桶。佥择一人看守北山树木，朔望鸣锣巡缉，工食至今。祀典复兴，山木畅茂。熊兴麟有《禁北山文》。

　　许侯祠　在东岳庙右，为知县许文献立。

　　危侯祠　在东岳庙右，为知县危言立。二祠俱在王公祠后，生员吴赞等建，立祀田。

　　附记：万历四十一年，生员吴赞、耆民廖同文等共十八人，捐资银三十一两，举人赖维岳、赖朝选各出银一两，共成三十三两。内用价银一十四两，议赎漳南道衙前翁安左店一间，黄汝隆右店一间。左右二间，招民开坐，岁纳纹租银三两六钱，春秋二祭，两则收租。又用价银一十九两，买民郑永宝古镇窑窟里田，税九秤，载粮米九升，郑朝明佃耕，岁收税谷二十七桶。除纳粮差外，递年春秋买办猪羊祭品，以申崇德报功之意。

　　何公祠　在东城外，为知县何守成立。

　　何侯祠　在县治西，旧平西驿地，为知县何檀立。

　　戴德祠　在县治旧平西驿，为署县事本府同知熊茂松立。今改武惠祠。

　　闵公祠　在文昌祠东旧社学地，为知县闵一雀立。

　　吴公祠　在西郊外。知县吴殿邦原立书院两大厅，兴文课士。通邑感之，立祠于书院之前。邑人张尧中联曰："双鸿溪头，看青畴鼓舞忘机，恍惚当年渤海；三鳣堂下，闻白昼弦歌送韵，分明此日庚桑。"国朝康熙甲辰，阖邑重修。

林公祠 在迎恩桥北，祀署县事本府照磨林逢春。

伍公祠 在迎恩桥北，祀知县伍耀孙。

赵公祠 在迎恩桥北，祀署县事上杭县知县赵硕来。

国 朝

赵公祠 三：一在文昌祠右，一在东门城外，一在丰稔渡头。祀知县赵廷标。

孟、徐功德书院 在县治西旧平西驿地。祀本府知府孟熊臣、推官徐开远。因甲辰年水荒大饥，发谷赈济，永定之士民赖之。有碑文，熊兴麟撰。

卢公书院 二：一在文昌祠东，一在西郊。为本府同知署县事卢裕砺立。

申公书院 在孟公祠后。祀署县事宁化县丞申传芳。

郭、乐二师祠 在学宫土地祠左。为教谕郭万完、训导乐维清立。

碑

宋

丞相文天祥驻节碑

明

知县王环政迹碑

署县事本府同知黄震昌政迹碑

知县何守成政迹碑

知县危言政迹碑

知县吴殿邦去思碑

署县事林逢春去思碑

知县升临江府同知伍耀孙去思碑

教谕周桐去思碑

训导王尚宾去思碑

典史陆衷赤去思碑

代捕三层司项旭阳去思碑

国　朝

汀路总兵高守贵平寇碑

分巡漳南道卫绍芳平寇碑

本府知府孟熊臣赈济碑

本府推官徐开远赈济碑

院司道府严禁积蠹碑

知县岳钟淑政迹碑

本府同知署县事卢裕砺详革三害碑

知县潘翊清禁革碑

教谕郭万完去思碑

训导乐维清训士碑

论曰：祠以崇祀典，碑以勒功勋，古志也。永定土瘠民劳，易于见休。自开治以来，或以过化立，或以治行功德立，或以兴利除弊立。祠有十五，碑逾二十，不啻潮阳之颂昌黎、晋人之望岘山也。后有以某迹祀于某地，某功勒于某石者，其视此与！

属 莅

兴化巡检司

明洪武五年间，设在溪南里古镇。正统间，乡官范金以太平里虎冈寇盗出没，无以防于东，奏徙兴化乡巡司于虎冈，改名太平巡检司。天顺间，寇发于南，有司请复设司于古镇，仍名兴化巡检。成化十五年间，县迁司于丰稔寺之右。嘉靖三十七年，迁司于上杭峰头。因万历年间，设兵于河头隘，筑城堡，设通判一员、百户一员坐镇，复迁司于丰稔寺。凡五迁焉。旧署滨河，洪水泛圮。国朝康熙十年，巡检刘杰迁于高阜，买地鼎建，署廨聿新。

太平巡检司

即正统间徙兴化乡于虎冈者。景泰末，徙于高陂。成化十五年开县，仍于高陂建司，未有廨舍。嘉靖十八年，知县唐灿买民卢金稳屋地为之。

三层岭巡检司

在金丰里天德甲。成化十四年，都宪高明因广东饶平、大靖、小靖地方盗贼数起，奏设巡司防守。该司所辖三大山：一曰岐岭，一曰苦竹，一曰条河。盗常据为巢穴。旧司已废，今巡司暂寓于大溪公馆。议者谓大溪非制，仍欲复于旧司云。

以上三司，巡检各一员，吏各一名，弓兵各三十名。载旧制。

论曰：亲民之吏莫如守令，而属莅尤与小民密迩。故国家设官分职，必于邑之乡里立巡司焉，所以分庶务而兼戡御也。永之三司，设于险要，均有社稷生民之寄。程子曰："一命之士，苟留心于济人，于人必有所济。"居是官者，其亦思无忝厥职哉！

邮 传

平西驿

原设于上杭县东小扳池边。嘉靖十九年，佥事侯廷训迁于本县，改府馆为之。本县编米三千八百零八石四斗，又武平县编米四百九十一石六斗。十年通共米四千三百石。旧规马米五年一编，每石先编米五斗，编户自纳。嘉靖四十三年，奉漳南道黎申请明文，即编米一石，追银三两八钱，给官当。至万历三年，奉军门刘、察院孙明文：十年一编，遇编每米一石，追银三两七钱，解府转给官当。路通汀、赣、漳、泉、潮、惠，甚为冲要。西至上杭，一站一百二十里，夫价一钱二分。东至适中驿，一站一百二十里，夫价一钱二分。南至大埔，一站八十里，夫价八分。视他驿为重。

按：旧驿馆废，其地基四至，分为祠宇、民居。北至周宅为界，南至街为界，东至巷街为界，西至廖宅为界。内周君盛小屋一所，又郑育英一间，又廖景运小店一间，又阳汝奇小店一间，又戴德祠二堂，又孟公祠二堂，又岳公祠二堂，又罗元盛一间，又赖养振房地一栋，又何公祠一堂，又何公祠左陈茂青二间，其租俱入学公用。

铺 舍

市西铺　县西门外。

德化铺　县西北溪南里金砂村。

接敬铺　旧在金丰里，为大溪铺。后迁溪南里接敬。

信感铺　县西北胜运里丰稔公馆。

溪口铺　旧在金丰里，为新村铺。后迁丰田里溪口。

青坑铺　旧在金丰里莒溪，为月流铺。后迁太平里青坑。

以上六铺，俱本县徭编。

白沙铺

箭滩铺　在县东二十里。

罗滩铺　在县东三十里。

湖雷铺　在县东四十里。

龙窟铺　在县东五十里。

以上五铺，俱上杭县徭编。

按：嘉靖间巡道侯廷训，以永定初开，改路置驿道于永定，连设九铺。如白沙、箭滩、罗滩、湖雷、龙窟属上杭编徭。溯而上之，如半岭、龙潭、上寨、傅坑属龙岩编徭。在二县，则以更换途次，互有相接。其实则铺递徭轻，而驿夫烦苦。旧志马米，尚有武平协济一项，不知何年，而驿站之银不复可稽。知县岳钟淑详立膳夫三十名，每里岁出膳银八钱，权供答应。至用夫既多，又不免派之里排。盖自改路以来，而永之官民俱受累矣。举人孔煌猷为之记。

坊　市

坊　表①

承流坊　县治左。

宣化坊　县治右。

---

① "坊表"，据目录补。

儒林坊　学宫西。

迎恩坊　县西。

以上四坊，弘治间废。

七贵坊　城隍庙左。为邑人廖堂兄弟立。旧废。

总镇中州坊　漳南道右。为邑人廖堂兄弟立。今改为鄞汀名邑。

锦衣坊　南街。为邑人指挥廖鹏立。旧废。

科第节义坊　所载多有废者。明万历以后，科第多人，俱未立坊。

进士坊　漳南道左。为邑人赖先立。

登云坊　南街。为邑人赖守方、赖守正立。

登庸坊　漳南道后。为邑人孔廷训立。

亚魁坊　县治左。为邑人廖凯立。

五马坊　泮池前。为邑人赖先立。

文魁坊　学宫左。为邑人赖先立。嘉靖间废。

进士坊　平西驿右。为邑人张僖立。

地官坊　迎恩门内。为邑人吴世瑛祖湘立。

风宪坊　城隍左。万历四十七年，为邑人沈玉璋、沈孟化立。玉璋系嘉靖中恩贡，授宁海县主簿，以子孟化贵，累赠中宪大夫。坊表"父子风宪"。

旌节坊　在学宫右。为邑人阙应祯母郑氏立。

孝义坊　县后左。为邑人刘荣立。

孝子坊　学宫西新巷口。为孝子郑懋官立。

世勋坊　在龙冈。为邑人孔庭训立。

论曰：赐坊所以表尊显也，其有硕德丰功卓荦名世者，固赫赫在睹闻间。至于积行之士高谊阂深，不二之妇苦节永矢，原未尝亟亟求名，而司风厉之权者，必为请坊志表。入其里，则式而

敬之，缁衣有怀，士大夫与匹夫妇无二视也。斯又微尚之所存
欤！

街　　巷

按：明崇祯九年，郡守唐世涵下令街坊扼要处各设栅门，启
闭以时，比屋安枕。

大街　在县治前，横阔二丈。东至太平门，西达迎恩门，前
通杭陂水圳，后抵新街三条广陌。南门亚魁坊直抵兴化门，阔一
丈五尺。皆知县王环经画。成化十八年，甃砌以石，平夷如砥。
万历间，以儒学射圃辟为新巷，上通察院行署，下通西街。天启
间，以儒学前大坪创建文昌祠，西辟为青云路，上通西街，下通
晏湖。

市　　镇

县前市　南门市　东门市　西门市　湖雷墟　武溪墟　溪口
墟　双口墟　永龙墟　大排墟　大院墟　丰稔墟　下洋墟　古竹
墟　深溪镇　仙师镇　折滩镇

论曰：永之市镇，居积不时。农纳其获，女效其绩，非有商
贾奇赢①、列牙分埠之地也。故价不待平，市无私敛，交易而
退。其犹神农氏之风与！

水　　利

晏湖　在儒学前，周围约百余丈。陂水经流，清漪可爱。
为学宫之明堂，邑中之胜概。

---

① 赢，通"赢"。

按：万历三年旧志：晏湖，原周琼地，金事林克贤买置为儒学泮池。又因郑维纲屋横亘于中，知县刘文绍以学东隙地易之。至隆庆元年，通学议泮池不宜立之学外，遂凿内池。而晏湖岁纳租银一两，今为文昌祠春秋之祀。

杭　陂　在县西北。陂水入城，通于四圳，流出城外，灌溉田塘，屡被水冲。知县岳钟淑，捐俸重修。甲辰，大水冲废。知县洪天开、邑粮户捐资砌筑。有记，见《词翰》。

蔡家陂　在溪南里龙磜。昔有姓蔡者率众修筑，功归于蔡，故名。灌溉之利，有上、中、下三则。乡官郑厚、监生郑迥率民金呈，知县唐灿亲诣踏勘，申请漳南道钱、水利道曾、本府知府马批允，雇工于水源上高数尺凿石通水，利遂均焉。

大　陂　在胜运里乾田界。洪武间，乡民率众筑堰，灌田甚广。后山树木属于本陂修筑。

石　陂　旧有圳，年久湮塞。嘉靖十八年，乡民具呈到县，申请重修。灌溉田亩三千余秤。

白叶陂　在县溪南里五图地方。

石坑陂　在湖雷。溉田三千秤，圳水环绕，乡民赖之。

落阳陂　在奥杳高桥头。贡生吴蒙筑。

大洋陂　在武溪。

温　泉附

大洲汤　在县东隔溪。泉池中可浴。

箭滩汤　在溪南里。源出小涧，不涸，可浴。

下洋汤　在金丰里。自石壁流出，四时不竭，可浴。

李田汤　在胜运汤湖。热可熟物，旁有冷泉，可以浣濯。

论曰：自秦以后，井田废而沟洫随之。尚赖有民社之责者，因山泽之势而兴灌溉之源，则郑国在前，白渠在后，亦万世之利也。永邑八陂，由于人力潴蓄众流，散润禾黍。分疆刊石，使有定分。公私同用，食政攸资。然时雨少降辄即溃圮，圩岸失防，尝苦荒嗼。非明哲君子，孰令水漱其际，民食其德也哉？

桥　渡

雄镇桥　在东关。正德二年，邑人锦衣卫指挥廖鹏肇建。旧名曰"卧龙"。嘉靖十三年，奔流冲断桥墩，知县毛凤属里民吴璘、陈惟盛等重修。自西岸为间，凡三十有二，漳南道储询易名"飞虹"。每岁编桥夫一名，以供洒扫。邑人孔庭训记。嘉靖三十七年，大水冲坏石墩，知县许文献重修，仍曰"飞虹"。嘉靖四十五年，大水冲坏二墩，知县龙尧达重修，更名"跃龙"。至万历二年，大水冲坏五墩，知县何守成重修。邑人张僖记。其旧编桥夫一名革。万历四十三年六月，大水冲坏石桥，知县吴殿邦重修，更名"永定桥"。崇祯甲申年二月，流贼烧毁桥、店。六月，大水冲去桥墩。至国朝康熙十年，知县潘翊清属民郑福麟、顾华明、张即举、王森启捐资募众重修。邑人熊兴麟记。

迎恩桥　在城西。嘉靖十三年，知县毛凤募众用木肇建。四十一年，遭兵燹。隆庆二年，知县陈翡募工，以石拱砌。国朝康熙三年，大水漂废。十年，知县潘翊清捐俸重建。

小东桥　在雄镇桥东，路通金丰里。

古溪桥　在溪南里，路通折滩。潮州乡民江碧琳等募众修葺，架亭跨于其上。

箭滩桥　在溪南里箭滩村。正德三年，邑耆吴璇捐资创建。续因水冲，邑耆吴璘重修。

湖雷桥　在丰田里湖雷村。正德八年，邑耆吴常镇捐资创建。

大源桥　在溪南里。

　　深渡桥　在太平里高陂，路通龙岩。春夏潦水泛涨，行者艰涉。成化十三年，乡民简惟时、吴克恭、卢宗善募财凿石拱砌。嘉靖三十七年，大水冲废，乡人以枋为之。国朝康熙甲辰又废，巡检郭天福修之，乡人呼为"郭公桥"。

　　白沙桥　在胜运里白沙炉。

　　古田渡　在县东门外。原徭编渡夫一名，后造卧龙桥，改编罗滩渡。

　　罗滩渡　在罗滩乡。原徭编夫一名，岁工食银一两二钱。后增八钱，共银二两。康熙十四年裁减一两，实给银一两。邑人封君沈九山，捐田税七秤，增给渡夫。

　　鸭麻潭渡　在罗坡岭下。旧志载："增生阙明轩捐田税三十桶。"后因明季渡毁。康熙丙子年，有阙明轩孙生员阙戴恩恢复祖渡，增置渡税九十桶给渡夫工食，载渡民米七斗五升。

　　丰稔渡　胜运里丰稔公馆前。北达上杭。徭编渡夫一名，旧志载："工食银二两四钱①。"后增一两，共三两四钱。顺治十四年，裁减一两七钱，实给银一两七钱。胜运里民赖佩珰又募众买田五十八秤五分，凑添渡夫工食，竖碑渡头。

　　葛傅渡　在溪南里长远隔口，路通抚民馆。

　　锦丰渡　在溪南里，路通潮州府。

　　清江渡　在溪南里武艺坪，路通潮州府。

　　新罗渡　在太平里，路通龙岩。徭编渡夫一名，旧志载："工食银一两八钱。"顺治十四年，奉裁九钱，实给银九钱。

　　下洋渡　在金丰里。福广山僧慧光募置田税六十九桶，为渡夫工食。

　　高陂渡　在深渡桥之下。生员卢承璋捐资立。

　　新寨渡　在溪南里。原编渡夫一名，工食银二两四钱。康熙

---

　　①　钱，原文为"银"。

十四年，裁一两二钱，实给银一两二钱。康熙十二年，里民张晋珩自建福德渡亭一间，施大洲埌上田税五十桶，为永远桥渡之资。佃人张乾一、张生亮耕，载本县民米二斗，系渡夫完纳。

南山渡　在县治南。徭编渡夫一名。旧志载："工食银二两四钱。"后增一两，共三两四钱。顺治十四年，裁减一两七钱，实给银一两七钱。

下坑渡　在县治南。

古镇渡　在溪南黄泥坑口。旧志："下坑古镇二渡，原无编徭。"康熙十二年，里民张晋珩施大洲埌上田税三十桶，为下坑、古镇二渡并南山渡永远成梁之费。佃人张元旭耕，载本县秋粮一斗三升，渡夫完纳。

论曰：凡水有畔岸之处，小则架略彴，大则驱木石，厥名为桥。至长河巨浸之间，非方舟弗济也，厥名为渡。桥渡既设，行李之往来便焉。永虽僻地，然改路以来，皇华之使，出途之旅，踵相接也。今皆建置完善，贵者无渐帷之虞，贱者无揭厉之苦矣。夫除道成梁，饬于夏令。舆梁徒杠，训于子舆。入其邑者于焉观政云。

亭　塔[①]

亭

纪功亭　更名王侯祠。
鸣岐亭　在县西鸣岐岭顶。
分水亭　在分水凹。

---

① "亭塔"，据目录补。

接官亭　旧在县西，成化十五年，知县王环造。嘉靖三十七年，知县许文献申改大洲庵为东接官亭，拓迎恩桥空地造西接官亭。今废。

少憩亭　在迎恩桥北。邑人卢贯有记。今废。

凤麓亭　邑人熊国昌建。崇祯甲申重九，知县伍耀孙登北楼，见孝义吴阶泰增补松木，募工灌溉，举酒慰劳于此。赠以诗云："百年谁与辟蓬蒿，羡尔栽培独自劳。矫矫苍鳞应有待，樵人须共惜龙毛。"

文山亭　在缘岭。宋丞相故垒，乡人筑亭志之。

吴公亭　在溪南杨梅凹，为知县吴殿邦建。

去思亭　在迎恩桥北。

访孝亭　在大埠岭。邑令周齐同举人林钟桂访孝子郑懋官庐墓处。乡人建之。

塔

文　塔　在县南十里黄泥坑口。万历年间，知县许堂建，生员吴赞、张尧中、赖登瀛督其事。

论曰：考传，至元十四年，天祥移漳州，出江西。丞相之驻节于缘岭，盖此时也。寒鸦泣垒，霜雁吟屯，山川草木，犹含凄怨。后人遂建亭其地。永之有亭，实始于此。后或以攀辕建，或以访孝立，累累相继矣。至合尖云际，植笏峰头，久以文笔坤申议改，未果。夫亭可随地而设，惟塔贵合乎天星，任卓笔之责者，是在来兹哉？

教　场

教　场　初在县城内卧龙山麓。深三十丈，阔十九丈。正德十五年，知县邢瑄迁于东郊。万历二年，洪水冲去。知县何守成、典史李钥鼎建讲武台一所，从旁建厅三间，缭以垣。大门一间，匾曰"威远"。康熙甲辰年，水冲教场，演武门、亭俱废。

关　隘

兴化寨　在县溪南里。先在胜运里丰稔寺，今移峰头。

太平寨　在县东北太平里。

三层岭寨　在县东南金丰里。

箭竹隘　成化二十三年，漳南道伍希闵，因邻界广东小靖地方盗贼出没，奏议委武平所官兵守御。寻以废革。至万历丙辰，诏郡县选将才，通邑举贡生卢宝之子卢五昌，名曰昭。委守箭竹隘口，防御有方。天启戊辰，加衔参将，昭不受，谢事养亲，而隘守久无人矣。今设塘房于此。

折滩隘　在县西溪南里。

大埠隘　在县西溪南里。

河头隘　在县南溪南四图。万历四年，筑城堡。邑人孔煌猷有记。

锦丰窑隘　在溪南里，路接广东界。

缘岭崃隘　在县东丰田里，路接漳州界。

水槽凹隘　在县西北胜运里。

蔡坑隘　在县西北胜运里。

金溪岭隘

古竹隘　漳、广相连，伏戎渊薮。国朝知县岳钟淑详请，特设驻防把总一员，统兵镇之。详见《图说》。

论曰：建围以险，守险以人。凡地之扼吭拊背，中逵四达，则设关隘以防之。至名隶尺籍，职司守望，则农隙以司马法教焉。故守险之人，即所教之人；而所教之人，即守险之用也。永邑关隘披图可考，惟是教场旧在东郊。今虽淹圮，旧址尚存，犹可以为坐作进退之区。夫以简阅精严之旅，而又据一夫当关之势，则永真固于金汤矣。

寺　观①

寺

万寿寺　在县治东。成化二十年，知县王环督龙寿寺僧以崇募缘建之，匾曰"祝圣道场"。国朝顺治七年，知县赵廷标督楚僧大梆募缘重修正殿，增塑罗汉十八尊，改三门为大厅，匾曰"天子万年"。东西旧建两斋，东斋下为文像堂，生员戴锦重修。又下为灵岳堂，西斋下为子孙堂，又下为五显堂。邑人丘万球建。正殿之后为观音堂，僧大梆重修。堂后为静室，僧含白建。

普陀岩　在县东。康熙九年，知县潘翊清买民地鼎建。

金谷寺　在溪南里金砂村。元中统年间僧寂尚建。康熙十年重修。

龙寿寺　在溪南里古镇。旧志载：废。

丰稔寺　在胜运里。旧志："奉例折卖。"万历年，复置重修。甲辰年水废，僧居尚存。

庆清寺　在丰田里。宋德祐年，僧了通建。

龙归寺　在太平里。元至顺间，僧友因建。明天顺间，里民简宗孝、卢惟益等募众重修。

北山寺　在太平里。元至正间，僧普贵建。

大院寺　在溪南里。

---

① "寺观"，据目录外。

梅山寺　在丰田里赤径乡。

西霖寺　在金丰里大溪乡。

西霖宫　在金丰里奥杳村。

真武宫　二：一在县治北门；一在县治西井右，举人周行先建。

仙师宫　在溪南里。

通济宫　在胜运里。

镇龙宫　在太平里大塘凹。

仙马宫　在太平里洪源村。

神　宫　在丰田里湖雷村。

夫人宫　在金丰里古竹村。

将军庵　在溪南里龙安寨长远隔。中祀观音大士，傍祀赵将军。恤灾悍患，常显灵异。康熙三十六年，内署县事连城县知县赵良生同典史王士奇捐俸倡募重建。

石圳庵　在县东石圳潭上。其下为放生潭，游鱼充牣。知县洪天开构亭于上。邑人徐泰来有诗。

三层岭福广庵　在金丰，永定、大埔界。顺治己丑年，僧慧光建。

梅山庵　在太平里。元中统间建。

福广庵　在溪南里，离锦丰窑十里。邑耆吴璇建。

阁

大悲阁　在县治西山。知县伍耀孙建，国朝知县岳钟淑重修。前堂原为老姆阁，生员丘与长捐资建。因瓦桷颓废，康熙三十二年，内典史王士奇捐俸倡募鼎新。

广嗣阁　在丰田里武溪大路。崇祯年间，邑人卢日昭建。中祀大士，乡人求嗣多灵验，故名。左有三教堂，养生鱼于潭，架亭于上，为"呼鳞台"。有记，有诗。

观音阁　在丰田里武溪鲤潭上。僧大智募建。

论曰：绀园之建，实为国家恢宏象教、祝釐讲约之地。故通都大邑之中，其为日月天宫、琉璃地道者，甍相接也。永志旧存八寺十三庵，散置乡落，虽不敢称为化城宝地，要皆苾刍者之所居。至行宫飞阁，亦悉载之，以备方外之志云。

恤　典

预备仓　一在县治内，一在丰田里庆清寺侧。仓废基存。

按：预备仓，嘉靖十九年，巡道侯廷训檄各县建立。迨万历年间，屡命出帑籴谷。凡士民之以义劝者，表其宅里，赐之旌奖，载在成书，可考也。故县治有官仓，各乡则为义仓。凡法以罪当赎者，令民照价输谷，而官计其入，不复受金。入官赃罚，则尽以为籴本，别置一廒。每岁，秋则增价籴之，春则减价粜之。且谷积三岁则腐，虫鼠风雨坏之。故有以陈易新之法，或以时粜籴如古，常平其数，贮之库藏。官府承代，则以交盘。此可以平市中腾涌之价，销垄断遏籴之私，法至善也。后之惠民者，仿而行之，何患乎旱灾也哉？

养济院　在县东一里山麓间。周围四十丈，外门缭以垣。内厅一间。左畔住房一列七间，右畔一列六间。嘉靖三十七年，知县许文献重修。

漏泽园　无告之民，有院以养之，有祭以祀之。若无义冢，则其无所归矣。万历三年，知县何守成创建于山川坛侧山麓间，周围数里

论曰：养济、漏泽，为无告之民养生送死而设也。昔先王之于民也，鳏寡孤独，首先仁政。而京观之制，收鲸鲵以封之。夫

鲸鲵且封，况民乎？今养济有院，而漏泽为民居矣。择地施泽，宁无待欤？

营建志卷之三终

永定县志卷之四

学 校 志

学宫　附祀典　社学
书院　学田　附地租

学 宫

儒 学

自明成化十五年，副使刘城、参议陈渤令知县王环、教谕谢弼创建于县治西南。自学宫外门，北抵后街民居，直四十七丈。上则东抵县治仓，西抵民居，横一十六丈三尺。中则东抵县治吏舍，西抵民居，横二十五丈。下则东抵民居，后换为学地，今建龙门。西抵平西驿，横一十八丈三尺。学宫前大坪，上抵大街，下抵泮池，即晏湖。直一十六丈；东西抵民居，横九丈二尺。今建文昌祠。万历四十七年，生员张尧中、吴懋中、廖王珍、赖联芳、廖达善、阙应祯、廖达道、赖馨鼎等，以位置失次，地理未宜，佥呈于知县吴殿邦，申宪改造。生员吴懋中亲往江西兴国，请国师曾继山，相地经营于旧学基内建。

先师庙　在县治西。东西两庑，各十间，在庙前。戟门，三间，在丹墀前。泮池，在戟门前。棂星门，一座，俱石，在泮池外。

明伦堂　在文庙右。左右插厫各一间。东贮书籍，西贮祭器。堂前东西二廊，仪门三间，大门三间。

启圣祠　在文庙北。

敬一亭　在启圣祠左。

尊经楼　在明伦堂后，万历四十七年建。顺治十六年，知县岳钟淑、训导乐维清重修。

五经阁　在学宫北。连架五楼，为诸生讲经之所。万历四十七年建。阁后大坪，东至县衙，西北至民房。

教谕衙　在明伦堂右。

训导衙　在教谕衙前。

龙门　在大坪东，面临大街。

土地祠　在泮池东。

文庙引

按：学宫之设，自古已然。明洪武十五年，诏天下立学，建大成殿，通祀孔子，尊以王号，并像衮冕，四配十哲诸子，有公、侯、伯、子、男之称。嘉靖九年，允辅臣张璁议，去封号，易像以木主，题曰"至圣先师孔子"。余称"先贤"、"先儒"。大成殿改为先师庙，削不当祀者二十人。公伯寮、秦冉、颜何、荀况、戴圣、刘向、贾逵、马融、何休、王肃、王弼、杜预俱黜，林放、蘧瑗、郑众、卢植、服虔、范宁、郑玄、吴澄各改祀于其乡。增祀者五人：后苍、王通、胡瑗、陆九渊、欧阳修。明朝四人：薛瑄、胡居仁、陈献章、王守仁。姓名载《位次图》。

启圣祠引

启圣公，古未有专祀。明嘉靖始，从辅臣张璁等议，建祠于学宫后，祀启圣公叔梁纥。以先贤颜无繇、曾点、孔鲤、孟孙氏配，以宋儒周辅成、程珦、朱松、蔡元定从祀。姓氏载《位次图》。

圣庙位次之图

聖廟位次之圖

民己系志

至聖先師孔子

復聖顏子回

述聖子思子伋

先賢閔子損

先賢冉子雍

先賢端木子賜

先賢仲子由

先賢卜子商

宗聖曾子輿

亞聖孟子軻

先賢冉子耕

先賢宰子予

先賢有子若

先賢言子偃

先賢顓孫子師

卷四

五

東廡先賢位次

自澹臺滅明宓不齊而下皆稱先賢某子

明道遏瞶瞶瞶赤繢禤厚李……
烕……從祖……
……公梁赤伯用秦遮仕……顏句秦秦左冄原亢孔公某……
顏……雕雕……西……良……秣井……人……
子　子　子　子　子　子　子　子　子　子　子　子　子　子　子　子
子　子　子　子　子　子　子　子　子　子　子　子　子　子　子

西廡先賢位次

林……珜若期……商……高……赤……
……定庭黑……句仲之
……成汲……樂如……冄子
……會……
公西陳施公邦公石公后蒲顏曹秦顏秦宓
公游沿尚曹……頷應頷隨巫……曾……
子　子　子　子　子　子　子　子　子　子　子　子　子　子　子　子
……叔……
子　子　子　子　子　子　子　子　子　子　子　子　子　子　子

東廡先儒位次

自左丘明公羊氏而下皆稱先儒其十

左丘氏	穀梁氏	高堂氏	子氏	后氏	王氏	卜氏	司馬氏	程氏	羅氏	宋氏	呂氏	蔡氏	許氏	陳氏	王氏

西廡先儒位次

高氏	勝	伏氏	毛氏	韓氏	歐陽氏	周氏	杜氏	張氏	薛氏	陸氏	胡氏	明氏

仲子 華子 脩 顏安國 顧 戴聖 安國 伏九 德 項 居仁

启圣祠位次图

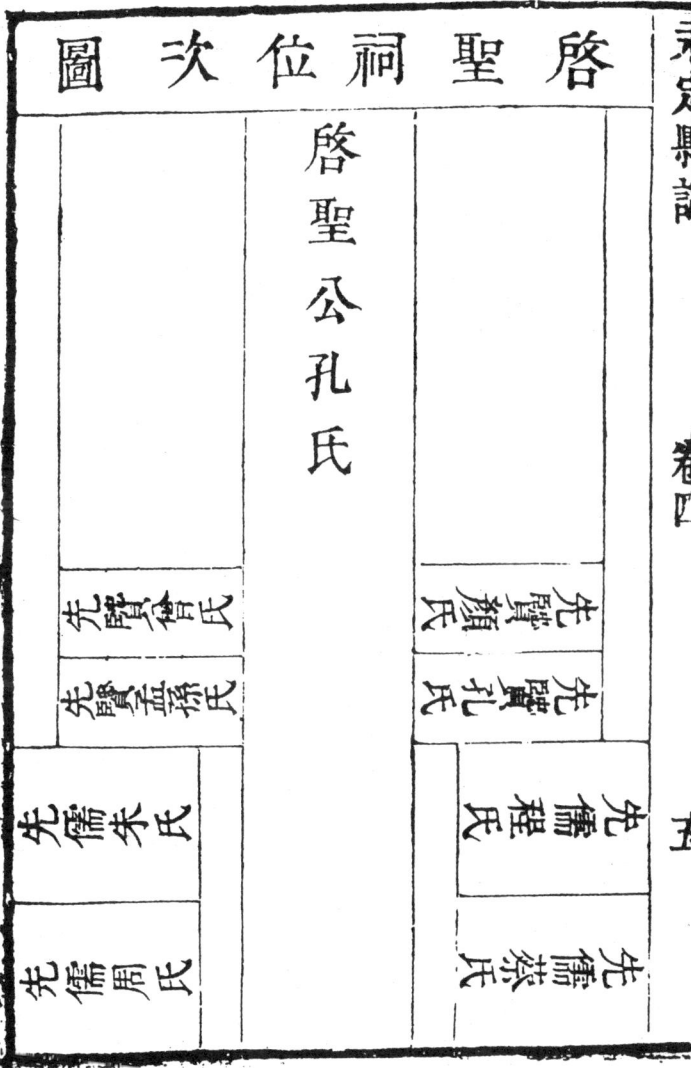

啟聖祠位次圖

啟聖公孔氏

先賢顏氏　　先賢曾氏

先賢孔氏　　先賢孟氏

先儒程氏　　先儒朱氏

先儒蔡氏　　先儒周氏

祀　　典①附

明洪武初，更定孔庙释奠章制、大成乐器，颁行天下。

国朝制同，朔望，有司官诣学行礼。春秋仲月上丁致祭，知县为正献官，县佐、教官为分献官。

祝文

维师德配天地，道贯古今。删述六经，垂宪万世。兹值仲春（秋），祗奉旧章，式陈明荐，以复圣颜子、宗圣曾子、述圣子思子、亚圣孟子配。尚飨！

祭品

帛一筐，酒三爵，太羹一登，和羹二铏，黍稷二簠，稻粱二簋，笾实八，形盐、藁鱼、菱、芡、枣、榛、鹿脯、栗。豆实八，韭菹、芹菹、笋菹、菁菹、醓醢、鱼醢、兔醢、鹿醢。中八品，糗饼、白饼、黑饼、豚胉、脾析、粉餈、饆食、糁酱。羊一，豕一。

四配　各一坛。

祭品

羊一函，豕一函，太羹一登，和羹二铏，黍一簠，稷一簋，笾六，盐、栗、枣、菱、鹿脯、藁鱼。豆六，菁菹、芹菹、兔醢、鹿醢、笋菹、鱼醢。帛一筐，酒三爵。

十哲　东龛五位共一坛，西龛五位共一坛。

祭品

豕一函，每位一体。和羹一铏，簠一，簋一，笾四，盐、栗、枣、鹿脯。豆四，菁、芹、兔醢、鹿醢。帛一，爵五。

---

① 祀典，原文为"祠典"。

东西庑　四位共一坛，共二十四坛。

祭品

豕肉四，簠一，簋一，笾四，豆四，帛一，爵一。

乐器

麾幡　琴　瑟　应鼓　搏拊鼓　柷　敔　埙　篪　排箫　箫　笛　笙　钟　磬

舞器

引节　翟　龠。

乐章

迎神　乐奏咸和之曲，无舞。

大哉孔圣，道德尊崇。维持风化，斯民是宗。典祀有常，精纯并隆。神其来格，于昭圣容。

初献　乐奏宁和之曲，乐舞俱全。

自生民来，谁底其盛。惟师神明，度越前圣。粢帛具成，礼容斯称。黍稷非馨，惟神之听。

亚献　乐奏安和之曲，乐舞俱全。

大哉圣师，实天生德。作乐以崇，时祀无斁。清酤惟馨，嘉牲孔硕。荐羞神明，庶几昭格。

终献　乐奏景和之曲，乐舞俱全。

百王宗师，生民物轨。瞻之洋洋，神其宁止。酌彼金罍，惟清且旨。祭献惟三，於嘻成礼。

彻馔　乐奏咸和之曲，无舞。

牺象在前，豆笾在列。以享以荐，既芬既洁。礼成乐备，人和神悦。祭则受福，率遵无越。

送神　望瘗同，乐奏咸和之曲。

有严学宫，四方来崇。恪恭祀事，威仪雍雍。歆兹惟馨，神驭还复。明禋斯毕，咸膺百福。

舞谱

奠帛，曲同初献；初献，曲同亚献；亚献、终献，曲同。

启圣公

祝文

惟公诞生至圣，为万世王者之师，功德显著。兹因仲春、秋，祗奉旧章，式陈明荐，以先贤颜氏、先贤曾氏、先贤孔氏、先贤孟氏配。尚飨！

祭品

帛一、爵三、铏二、笾八、豆八、簠二、簋二、羊一、豕一。

东、西配祭品

东、西各一帛，各爵三，豕首二，豕肉四，铏二，笾、豆各四，簠、簋每位各一。

名宦祠

在戟门左。祀：

明

永定县知县王环

永定县教谕谢弼

永定县教谕廖观海

永定县典史莫住

福建提学副使熊汲

汀州府同知黄震昌

永定县知县刘文诏

永定县教谕冼谟

永定县知县闵一崔

祭品

羊一，豕一，簠、簋一，笾、豆四，爵三，帛一。

论曰：邑有循良，民佩其德。祀之名宦，以崇报也。考邑志，自知县王公而后仅九人。其有惠泽难泯，或年久而未举，或已举而未行，如许公文献、何公守成、吴公殿邦、赵公廷标，莫不功垂不朽矣。

乡贤祠

在戟门右。祀：

明

上杭县训导胡时

武平县训导丘德馨

常德府知府赖先

中书科中书舍人张僖

广西布政使司左参政沈孟化

贡士赠承德郎卢宝

兴宁县知县加衔兵部主事赖维岳

祭品：乙卯年破城，铜爵失二十三个，其炉、樽等器全失。

羊一，豕一，簠、簋一，笾、豆四，爵三，帛一。

论曰：邑有先达，人所仰止。祀之乡贤，以矜式也。考旧志，自胡公而下仅七人。诸贤继起，风轨卓越，尚未请祀。谨于科名之下，传注事迹，亦三代遗直，以俟将来云。

祭　器

铜爵　一百四十个。成化十六年，巡道刘珂、学道周孟中铸造发学，今损十六个。

　　铁香炉　大一个，小八个。

　　木香炉　一个。在土地祠。

　　神案、香案、牲帛桌　共五十三张，今无。

　　祝文板　一面。

　　木烛架　六个。

　　锡酒樽　三个。今少一个。

　　锡烛台　二对。

　　帛箱　十个。

　　木笾豆　四百个。旧存二百，知县何守成新置二百，共四百。今存一百六十八个。

　　竹系笾豆　七十六个。内损三十五个。

　　簋簠　三十九个。内坏五个。

　　铁锅　三口。知县何守成置。

　　灯笼　三个。俱失围。

　　单烛架　一对。

　　满堂红　一对。

　　斋戒牌　一座。

　　盥洗盆　一个。知县何守成置。今无。

　　牲盘　二个。

　　启圣祠木香炉三个。

书　籍

　　乙卯年，破城全失。

　　《十三经注疏》共四十四本。

　　《通鉴纲目》二十本。

　　绵纸《易经》六本，今少一本。

　　绵纸《诗经》一部四本。

绵纸《书经》一部四本。

绵纸《春秋》一部十本。

绵纸《礼记》一部八本。

《易经大全》一部八本。

《春秋大全》一部十二本。

《礼记大全》八本，失一本。

东、西《汉书》一部四十本，少五本。

《唐书》一部三十八本，少一本。

《五代史》一部八本。

《性理大全》十二本。

《资治通鉴》六本。

《少微通鉴》六本，少一本。

《大诰》一本。

《韩柳文》十本。

《诸司职掌》三本。

《东莱博议》二本。

《迎恩录》二本。

《朱子成书》四本。

《洪武正韵》六本。

《止斋论》一本。

《五伦书》十本。

《射礼仪注》一本。

《正俗编》二本。

《乡饮图》一轴。

医书五本。

《楚辞》一本。

《悬镜》三本。

《史记》二本。

《路史》十四本。

《四书直解》一部。

射 器

万历三年志载，俱无。

鹿中　五十根　楅　丰　侯布　带架　筹　樽　勺　爵　笾
豆　洗盥　带架　水罍①　乏　旌　弓　决　矢　朴　磬　瑟
笙　鼓　漆桌　油屏。

卧 碑

国朝顺治九年，礼部复颁《卧碑条约》八款，发刻学宫。

朝廷建立学校，选取生员，免其丁粮，厚以廪膳，设学院、学道、学官以教之。各衙门官以礼相待，全要养成贤才，以供朝廷之用。诸生皆当上报国恩，下立人品。所有教条，开列于后。

一、生员之家，父母贤知②者，子当受教；父母愚鲁，或有非为者，子既读书明理，当再三恳告，使父母不陷于危亡。

一、生员立志，当学为忠臣、清官。书记所载忠清事迹，务须互相讲究。凡利国爱民之事，更宜留心。

一、生员居心忠厚正直，读书方有实用，出仕必作良吏。若心术邪刻，读书必无成就，为官必取祸患，行害人之事，往往自杀其身，常宜思省。

一、生员不可干求官长，交结势要，希图进身。若果心善德全，上天知之，必加以福。

一、生员当爱身忍性，凡有官司，衙门不可轻入。即有切己

---

①　罍：原文作"叠"。

②　知，通"智"。

之事，止许家人代告，不许干与①他人词讼，他人亦不许牵连生员作证。

一、为学当尊敬先生，若讲说②皆须诚心听受。如有未明，从容再问，毋妄行辩难。为师者亦当尽心教训，勿致怠惰。

一、军民一切利病，不许生员上书陈告。如有一言建白，以违制论，黜革治罪。

一、生员不许纠党多人，立盟结社，把持官府，武断乡曲。所作文字，不许妄行刊刻。违者，听③提调官治罪。

社　　学 附

一在漳南道左。前厅三间，后厅三间。旧废。

一在东北卧龙山麓布政司后，匾曰"龙冈社学"。万历乙未年，改建关帝庙。

一在文昌祠东。顺治八年，邑人熊兴麟、生员郑孙绥、张士美、沈墀、孔天眷、丘鼎山、周历象、吴晋等，佥呈巡道赵映乘建。

书　　院 附

绿筠书院　在县南一里许，滨河，挂榜山尾。正堂三间，架楼于上。诸生时有肄业于此者。大门三间，右抵山，左抵路，前空地丈余，后空田一丘。

---

① "与"读 yù，参预。

② 说，原文为"设"。

③ "听"字校补。

按：旧志载："买民廖积富田税二秤，大小三丘，用价银二两伍钱，贴过官米银二两，共肆两五钱；买民郑冒田三秤，并贴过官米，共用价银四两，有契存案。以上俱知县谢良任创置。但书院虽设榜山之尾，术者尤嫌其低下。知县何守成复令地方及居民郑冒家，遍植松木数千株于山之上，后日畅茂，庶可补此山之阙，护书院之右。后之职兹土者，岁时当令地方严加看守，毋使小民旦夕而伐之可也。"载万历三年志。

后知县许堂重修，近废，基存。

吴公书院　在西郊外，知县吴殿邦建。今废。

岳公书院　旧平西驿地。嵩社门人陈钧奏、吴利见、陈英之、吴云芝、丘天麟、陈上观、阙魁，置大洲碛下田税五秤三分，载丘和户内民米七升，递年元旦，备牲醴品果，为岳公上寿。

卢公书院　在文昌祠左。本府同知卢裕砺署县事时捐俸建造，朔望聚诸生讲学于此。

论曰：学校，营建中一事也。而另编之，以见尊崇圣道，养育人才，其关系重且大也。崇祀之典，历代不同，而易塑像以木主，改王号为"先师"，创建启圣公祠，明世宗之见，高出千古矣。明三百年来，从祀圣庙者仅四人，布衣胡居仁与焉。而名宦乡贤附于庙祀者，不敢滥登，抑何严且公也。其在今日，明伦堂之课宜举、乡饮酒之礼宜行，社学以训子弟，书院以居生徒。皆学校中事也，贤大夫留心焉。

学　田　<small>附地租、祠租</small>

按：旧志卢赞撰云："永定原无学田，盖学宫之缺典也。诸士子赍费不供，有待久矣。何侯父母，聿重兹典，每留意焉。乃命通学佥议其事，即捐俸金六十两，收买各姓田税。其间，士民闻风兴起，愿捐田入官，充为学田，以济厥美者。计共田税一百亩，共租银一十八两零三分，共载粮米四石七斗八升一合八勺。内总除纳粮银三两零一分四厘，余下租银一十五两一分六厘，发学应充公用，及每年查报贫生，以此给膳，使之俯仰有赖，学业不荒。士大夫感激乐睹盛举，为之伐石树于学宫，请碑文以记之。"

今将买过学田亩数、粮租并佃人姓名开后：

一收买生员卢一松田三十七亩四分，共载粮米二石。田价银一十七两正。坐落丰田里，地名赖乾。

一收买生员卢赞田税三十七亩四分，共载粮米二石。田价银一十七两正。坐落丰田里，地名赖乾。

以上两款，卢家赎回，其粮米四石，卢家自认。

一收买生员吴茂梧田税一十一亩二分五厘，共载粮米六斗一合八勺。田价银一十七两正。坐落溪南里，地名龙门白饭坑竹瓦寮。

一佃曾廷玉兄弟并孔昇共耕田税十秤四斗，递年该谷三十四箩正。

一佃余积凤耕税八秤，该谷二十箩正。

一佃廖才耕税谷十秤，该谷二十二箩。又鱼塘一口，租谷八箩正。

以上共税三十五秤四斗，每年共该租谷八十四箩。每箩银五分，共折银四十二钱。内除纳粮银四钱正，尚剩银三两八钱，发学周济贫生之用。

一收买太平里一图民简珪田五亩五分，载粮米八升。田价银八两柒钱五分正。坐落太平里，地名石班塘。

一太平里一图民简廷选，情愿将田七亩，载粮米一斗，坐落太平里，地名三圣隔石班塘。不愿领价，送出通学生员灯油之资。

一佃陈成耕税一十三秤半，该谷二十七箩正。

一佃陈积盛耕税七秤，该谷十四箩正。

以上共该租谷四十一箩。每箩银五分，共折银二两零五分。内除纳粮银六分四厘，尚剩银一两九钱八分六厘正。发学周济贫生之用。

知县何守成捐俸十两正。

教谕温理捐俸五两正。

巡检周曰仁、祝大顺、杜乔岁各助银一两正。

廪生卢一松、张一澜、丘德盛、赖桓、赖有缘、吴茂梧、赖一鲤、卢赞、张一澈、卢嘉会、陈应峰、卢世宁、赖一麟、赖黼、卢贯、卢士元、曾子毅、陈应春、廖显武、赖宗周，共捐廪银四十两正。

通学生员沈孟作、赖一相、郭书、赖一忠、赖浣、丘应兆、吴赞、廖道充、卢宝、吴茂棠、卢士科、孔志远、郑洪道、范荣先、廖灿。

以上沈孟作等共一百五十人，各量家捐助，兹不复赘。

康熙十二年，志成，清正新旧学田租银、佃人姓名于后：

简芳每年纳租银一两七钱正，陈元信每年纳租银一钱正。二佃在太平洪源三圣隔。

廖以行每年纳租银一两正。在太平田段。

马得盛每年纳租银二钱八分八厘正，马汝太每年纳租银四钱二分五厘正，陈贵每年纳租银三钱二分五厘。三佃在太平铜鼓湖。

吴应瑞每年纳租银三钱一分五厘正，吴子由每年纳租银一钱正，吴子冲每年纳租银二钱五分正。三佃在太平铜鼓湖。

阙兴南每年纳租银一两一钱正。在马山背。

张守成每年纳租银二钱七分五厘正。在金砂。

　　熊滋将上湖雷田税二秤三分零，送出通学生员灯油之资。粮米在溪六十甲吴元闻户内将租谷抽纳。佃人熊元智每年上税谷七箩，折系银三钱五分正，纳粮在内。

　　张应秋每年纳租银一两五钱正。在苦竹崃笔架山下。

　　黄思禄每年纳租银一两二钱五分正。在太平南山尾。此一佃拨秤学田钱粮，系丰四十甲卢盛芳户丁收。

　　廖得运每年纳租银五钱正。在溪口赤径。

　　黄茂塘、黄茂志、黄甲生三人，每年纳租银五钱二分五厘。在太平詹坑。

　　郑明秀每年纳租银六钱正。在下龙门。

　　胡升龙每年纳租银三钱五分正，胡有凤每年纳租银四钱正。二佃在全丰角坑。

　　阙明轩将马山乡田税陆桶七篅，送出通学生员灯油之资，粮米仍在阙户。佃人阙万盛每年除纳粮外，实上税谷四桶正。

　　张有上每年纳租银钱七钱正。在新寨。

　　吴官梅每年纳租银四钱五分正，内除秤粮八分，实收银三钱七分。在全丰东洋。

　　林心拱每年纳租银七钱正。在太平孔夫。

　　吴上锡每年纳租银二钱一分正。在三层岭。

　　王遵，字礼纲，将太平苦竹坑田税十秤，送出通学生员灯油之资。原载官米，仍在王振宗户内。佃人王文渊每年除纳钱粮外，实纳银一两正。

　　以上二十五佃共纳田租系银一十四两七钱五分三厘。内除秤钱粮一两四钱五分六厘，实收田租系银一拾三两二贰钱九分七厘正。

　　河坝租佃人姓名：河坝在县治南郊。

　　郑民歌每年纳租银一两八钱八分三厘正。

　　郑英乃每年纳租银七钱二分二厘五毫正。

郑英乃每年纳租银七钱二分二厘五毫正。

郑英乃每年纳租银七钱二分二厘五毫正。

郑勉为每年纳租银七钱二分二厘五毫正。上手系沈策先秤纳。

赖绍英每年纳租银一两零九分正。

郑子恩每年纳租银八钱正。

赖樽每年纳租银八钱四分正。

赖振大每年纳租银一两零六分正。

黄应赐每年纳租银四钱八分正。

郑扬芳每年纳租银五钱七分五厘正。

谢元亮每年纳租银五钱四分正。

谢时德每年纳租银二钱四分正。

郑尚益每年纳租银四钱八分正。

郑以章每年纳租银一钱九分正。

郑以振每年纳租银一钱一分八厘正。

以上十六项，每年共租系银一十一两一钱八分六厘正，每积三年，以为当科遗才、大收生员科举之费。

张周每年纳租系银一两七钱六分五厘正，原给本学水夫工食。

学　　地

自新巷直下至大街，横至龙门止。基址相连门斗，民人赁做房屋，每年纳租。姓名开后。

廖得顺一间。后与廖得玉民居为界，左与学为界，右与新巷为界，前与廖得立为界。内屋后有粪窖一所。

廖得立一间。后与得顺为界，左右界如上，前与黄应田为界。

以上二间，每年纳租系银二钱正。

黄应田一间。后与廖得立为界，左右界如上，前与黄思盛为界。每年纳租银一钱正。

黄思盛一间。后与黄应田为界，左右界如上，前与黄应盛为界。每年纳租银一钱正。

黄应盛一间。后与黄思盛为界，左右界如上，前与黄刘福为界。每年纳租银二钱正。

黄刘福一间。后与黄应盛为界，左右界①如上，前与黄应茂、赖养赞为界。每年纳租银一钱正。

黄应茂、赖养赞共一间。后与黄刘福为界，左右界如上，前与郑振英为界。每年纳租银二钱正。

郑振英一间。后与黄应茂为界，左右界如上，前与郑以就为界。每年纳租银七分五厘正。

郑以就一间。后与郑振英为界，左右界如上，前与李用臣为界。每年纳租银七分五厘正。

李用臣一间。后与郑以就为界，左右界如上，前与黄应全为界。每年纳租银二钱正。

黄应全一间。后与李用臣为界，左右界如上，前与巫必台为界。每年纳租银五分正。

巫必台一间。后与黄应全为界，左右界如上，前与黄思昇为界。每年纳租银一钱正。

黄思昇一间。后与巫必台为界，左右界如上，前与郑兰英为界。每年纳租银一钱五分正。

郑兰英一大间，上下两栋。后与黄思昇为界，左与戴元盛为界，右与巷为界，前与大街为界。每年纳租银三钱正。

戴元盛一大间，上下两栋。后与学斋为界，左与陈元恭为界，右与郑兰英为界，前与大街为界。每年纳租银二钱正。左边

① 以上三处"左右"后的"界"字校补。

原黄应寿一间，每年纳租银二钱，今元盛并入。

陈元恭一间。后与学屏墙为界，左与邓谷生为界，右与戴元盛为界，前与大街为界。每年纳租银二钱正。

邓谷生一间。后与学屏墙为界，左与李接臣为界，右与陈元恭为界，前与大街为界。每年纳租银一钱正。

李接臣一间。后与学屏墙为界，左与黄应芳为界，右与邓谷生为界，前与大街为界。每年纳租银一钱正。

黄应芳一间。后与学屏墙为界，左与戴文盛为界，右与李接臣为界，前与大街为界。每年纳租银一钱正。

戴文盛一间。后与学屏墙为界，左与李含生为界，右与黄应芳为界，前与大街为界。每年纳租银一钱正。

李含生一间。后与学屏墙为界，左与张志谷为界，右与戴文盛为界，前与大街为界。每年纳租银二钱正。

张志谷一间。后与学屏墙为界，左与赖箐臣为界，右与李含生为界，前与大街为界。每年纳租银一钱正。

赖箐臣一间。后与学屏墙为界，左与范元胜为界，右与张志谷为界，前与大街为界。每年纳租银一钱正。

范元胜一间。后与学屏墙为界，左与王明兴为界，右与赖箐臣为界，前与大街为界。每年纳租银三钱正。原一间，今隔分二间。

王明兴一间。后与学屏墙为界，左与李以德为界，右与范元胜为界，前与大街为界。每年纳租银二钱正。

文昌祠后系学地

张应发一间。后与祠为界，左与青云路为界，右与赖得俊为界，前与大街为界。每年纳学地租银一钱正。

赖振元即得俊一大间。后与祠为界，左与张应发为界，右与戴元进为界，前与大街为界。每年纳租银二钱三分五厘正。

戴元进一间。后与祠为界，左与赖振元为界，右与赖箐臣为界，前与大街为界。每年纳租银一钱正。

赖箐臣一间。后与祠为界，左与戴元进为界，右与黄思昇民居为界，前与大街为界。每年纳租银二钱正。

以上大共学地租系银四两三钱七分五厘正。

文昌祠祀典

张居可赁祠前塘一口，四处界址旧有分明。每年纳租系银一两正。

漆店背店三间：

张汝才一间，每年纳租银七钱正；

刘淑初一间，每年纳租银八钱正；

沈君弼一间，每年纳租银六钱正。

以上三店，原收李以德偿期银二十两，向吴悝卿买置。每年共收租系银二两一钱正。

李以德一间。后与学墙屏为界。左与龙门为界，右与王明兴为界，前与大街为界。此系霍公捐俸二十两买置。本人偿期银二十两，每年纳租系银二两正。

癸酉举人卢日就，喜出银一十两生放利息，共凑银二十两，以学地架造楼店一间，招张应发白手开坐，每岁纳租系银二两四钱正。

赖箐臣赁学地旧址外，又将文昌祠、社学后空地借筑丈余，每年春秋季，各纳租系银五分。此地应归还祠。

霍公捐俸一十两买祀田一处，税二十桶，佃人吴应旺耕。

以上五款租银，俱入文昌祠春秋办祭之用。

康熙十二年癸丑冬，知县潘翊清、教谕黄甲先，生员赖玠、沈墀、黄甲殿、郑孙绥、卢济泓、廖起龙、吴晋、吴利见、熊卜伟公同查正。

学校卷之四终

永定县志卷之五

赋　役　志

户口　赋税　岁征
田产　起运　存留

民惟邦本，而赋课所以资兵饷、卫生民者也。永定平衍膏腴之壤少，而崎岖硗确之地多。民之食出于土田，而尤仰给于水利；民之货出于物产，而或取资于坑冶。非独民赖之也，土贡财赋胥此焉。供是丁田者，地利之丰歉，民物之盛衰，国计之盈缩系焉，岂细故哉！

户　口

成化十八年府志：户二千二百五十，口一万一千一百二十九。旧县志：户二千二百九十八，口一万三千七百六十六。

弘治五年，户二千四百二十七，口一万六千三百三十八。

嘉靖元年，户一千一百三十四，口一万四千六百一十。

万历元年，户二千一百八十四，口九千五百零二口。

土　田

成化十八年，本县官民田地、山塘，九百七十九顷五十三亩七分。

赋　税

夏税钞　今数八十八锭一贯七百七十二文。旧县志少七百七十二文。

税粮米　原建县溪以北属上杭，溪以南属永定。奏议四界内正耗米共该六千九百一十五石有零，后止割入五千八百五十六石五斗六升九合一勺。被上杭县勒减一千六十有零石。两县互争者，以此故也。

秋租钞　今数一百三十九锭二贯八百六十四文。旧县志止有二十七锭二贯。

国朝岁征

户口人丁

原额男子成丁五千三百五十三丁五分，不成丁一千二百六十六丁五分，征银二千三十五两二钱四分三毫二丝二忽九微九纤九沙。外新增成丁七十一丁，每丁征银四钱五厘四毫三丝七忽三微七纤二沙，共征银二十八两七钱八分六厘五丝三忽四微一纤二沙。又增不成丁七丁，照依赋役，每丁征盐料银八分八厘二毫七丝五忽二微七纤，征银六钱一分七厘九毫二丝六忽八微九纤。实在六千六百九十八丁，每丁征银不等。共征银二千六十四两六钱四分四厘三毫三忽三微一沙。

原额妇女五千六百二口，征银一百二十八两五钱四分八厘八丝五忽六微四纤。外新增一十四口，每口征盐钞银二分二厘九毫四丝六忽八微二纤，共征银三钱二分一厘二毫五丝五忽四微八纤。

实在五千六百一十六口，每口征盐钞银二分二厘九毫四丝六忽二纤。共征银一百二十八两八钱六分九厘三毫四丝一忽一微二纤。

田　　产

原额官民田地、池塘、山溪浦一千五顷六十亩一分二厘八毫九丝五忽五微，每亩科派不等。征银八千五百六十五两一钱五分一毫五丝七微七纤三沙九尘。外康熙元年，奉文以顺治七年为始，补征龙沥纸银一十三两二钱七分二厘四毫。

外附征杂项租税，共银一百九十八两一钱一分二毫七丝二忽四微。有闰年，加征银九分六厘一毫五丝。又续增牙税银二十一两。

以上丁田正、附征，共银一万九百九十一两四分六厘四毫六丝七忽五微九纤四沙九尘。有闰年，加征银九分六厘一毫五丝内。

起　　运

户部原额折色改折价脚铺垫银一千八百八十七两二钱五分六厘三毫六忽四微六纤七沙。

本色办解颜料价脚铺垫银九两四钱九分四厘三毫六丝三忽三纤三沙。

裁扣解部并节年裁官银八百七十九两九钱四分九厘四毫一丝五忽八微。

工部原额折色，新增价脚并龙沥纸银一千二百六十一两七钱八分五厘四毫六丝六忽七微二纤。

以上起运，折色实征银四千二十八两九钱九分一厘一毫八丝八忽九微八纤七沙，本色实征银九两四钱九分四厘三毫六丝三忽三纤三沙。今奉旨俱汇解户部。

存　留

本省额编正、附征兵饷，并新增丁口牙税充饷银三千七百五十两九钱三分九厘五毫二丝九忽七微四纤九沙九尘。有闰年，加征银九分六厘一毫五丝。

裁扣本省兵饷银七百二十三两四钱二分六厘八毫三丝八微。

以上存留兵饷，共银四千四百七十四两三钱六分六厘三毫六丝五微四纤九沙九尘。有闰年，加征银九分六厘一毫五丝。

以上起运本折存留兵饷，共实征银八千五百一十二两八钱五分一厘九毫一丝二忽五微六纤九沙九尘。有闰年，加征银九分六厘一毫五丝。

经制官役俸食、驿站 银二千六百九十五两七钱一分七毫六丝九忽八微二纤五沙。内：

顺治十五年，奉裁科举生儒盘缠扣半，银六两五钱五分五厘五毫五丝。十六年，裁各官每年匀闰银七两八钱三厘九毫九丝八忽四微。十八年，裁按院心红纸张银四两二钱三分六厘六毫六丝六忽四微。康熙元年，裁吏书工食银一百二十四两。四年，裁本县学训导俸食银七十四两九钱二分，归入裁扣解部数内。

实给银二千四百七十八两一钱九分四厘五毫五丝五忽二纤五沙。

外绅衿、吏承削免银八百八十九两七钱四分七厘。

顺治十四五年，奉文为始，岁有增减，年额不同，难以入总，递年照易知由单，归入地丁并征。

匠　班

子、辰、申年，一名额征银一两八钱。

丑、巳、酉年，一名额征银一两八钱。

寅、午、戌年，一名额征银一两八钱。

卯、未、亥年，一名额征银一两八钱。

以上遇有闰年，照闰月季分，名匠每名加征银六钱。

赋役卷之五终

永定县志卷之六

秩 官 志

官制 知县 主簿 典史 教谕 训导
巡检 名宦 纪绩附 署绩附 驻防

官 制

　　按：《周官》有县正，各掌其县之政令。而赏罚之及，郡县散置。明太祖定赋三等，有上县、中县、下县之别。永制从中额，设知县，正七品，方印，总一县政务；勋阶，初授承事郎，升授文林郎；章服用鸂鶒，月俸七石。主簿，正九品，管粮；勋授将仕郎，升授登仕郎；章服鹌鹑，月俸一石。典史，未入流，为知县首领官，无勋阶，章服得用黄鹂、鹌鹑、练鹊，月俸三石。县有师儒以莅文教。儒学教谕，未入流，条印，管理学政，章服得用鸂鶒，与知县同，月俸三石。训导，未入流，分理学政，章服与教谕等。各司巡检，从九品，方印，主缉捕盗贼、囚犯；勋阶，初授将仕郎，升授登仕郎；章服如主簿，月俸一石。阴阳医学，俱用条记，不载禄书。

　　国朝多仍明制。凡秩官之尊卑，详于顶带，章服同明，披领如之。

　　知县，一员。

　　主簿，一员。明弘治九年设，十五年裁。

　　典史，一员。

儒学教谕，一员。

儒学训导，一员。康熙四年裁。

兴化乡巡检司，巡检一员。

太平司，巡检一员。

三层岭，巡检一员。

阴阳学训术，一员。

医学训科，一员。

僧会司，无设。

道会司，无设。

历　官

知　县

明

王　环　浙江新昌人。由举，历教官选授。草昧初开，兴利者六，除害者三。勒铭县石，万世永赖。祀名宦。

颜　韶　浙江青田人，由贡。

陈　礼　浙江鄞县人，由举。

张　缙　广东琼山人，由举。

陈　悦　直隶吴县人，由贡。

宋　澄　浙江建德人，由举。

闻　璇　浙江海盐人，由举。

杨　宗　江西高安人，由举。

梁　善　江西临川人，由□。

陈　济　广东保昌人，由贡。

以上俱弘治年任。

曾　显　浙江泰顺人，由贡。

戴彝心　湖广房县人，由贡。

邢　瑄　广东文昌人，由举。

以上俱正德年任。

刘文诏　江西安福人，由举。祀名宦，有传。

毛　凤　广西临桂人，由举。

孙　鍂　江西丰城人，由贡。

唐　灿　广西临桂人，由举。

何文经　广西郁林州人，由举。

胡大武　直隶贵池人，由贡。旧志载：笃实和易，爱民如子。当时咸云真得父母之体。

莫惟宾　广西马平人，由举。

罗世庆　江西吉水人，由举。旧志载：性清慎，多才能，吏畏民怀。惜居位未久，以忧归。

洪良弼　广东揭阳人，由举。

许文献　直隶长洲人，由贡。宦迹有传。

周　珊　直隶龙虎卫人，由举。

龙尧达　广东顺德人，由举。

以上俱嘉靖年任。

陈　翡　江西南昌人，由举。旧志载：性朴谨守，民不见扰。

谢良任　广东番禺人，由举。

以上俱隆庆年任。

何守成　浙江分水人，由举。宦迹有传。

闵一寉　浙江乌程人，由贡。祀名宦。

姚　朴　浙江慈溪人，由贡。

花　偕　江西弋阳人，由贡。

叶祖尧　云南临安人，由进士。

姜子贞　浙江余姚人，由举。

郭　埙　江西赣县人，由贡。

张正蒙　广西柳州人，由贡。

许　堂　江西宜黄人，由贡。旧志载：性慈仁，不事鞭朴。

何　檀　浙江富阳人，由贡。卒于任。

谢元贺　江西瑞金人，由举。

危　言　江西新建人，由举。莅任六载，持身冰蘗，听断公平，关节罔通。

龙应亮　浙江桐城人，由贡。

吴殿邦　广东海阳人，由进士。宦迹有传。

沈　遁　浙江仁和人，由举。

以上俱万历年任。

周　齐　广西宜山人，由举。

钱养民　浙江余姚人，由举。

以上俱天启年任。

朱梦魁　广东饶平人，由举。

陈天祐　浙江长兴人，偏桥籍，由贡。

徐承烈　浙江鄞县人，由举。

马伯升　云南寻甸府人，由贡。

伍耀孙　湖广石门人，由贡。升江西临江府同知。

徐可久　江南赣榆人，由贡。

以上俱崇祯年任。

右〔上〕明纪载五十人，祀名宦者三人：王环、刘文诏、闵一崔。

国　朝

赵廷标　浙江钱塘人。由拔贡，顺治三年任。莅残疆于版图初附之时，三罹漳广巨寇。蕞尔孤城，兵食莫继，战守单弱，邑滨①于危者屡矣。能以恩义固人心，以战胜摧强寇。虽斗米一金，捍御愈固；虽前锋偶挫，出奇无穷。调援郡省，屡破重围。邑有完城之庆，人荷再生之恩，皆其功也。荣迁之日，攀辕逾境。事详《灾变志》。康熙三十六年，署县事连城县知县赵良生请祀名宦。

沈在湄 江南无锡人。由进士，顺治七年任。八载勤劳成疾，卒于任。

岳钟淑 江南武进人。由进士，顺治十五年任。钦取。事详《德政碑》，载《文翰》。

任名成 陕西人。由贡，顺治十七年任。以告病归。

洪天开 江南歙县人。由举，康熙元年任。以大计去。

潘翊清 辽东义州人，由贡。才堪治剧，明足烛奸。康熙七年任。以缉逃有功，见奉推升。

主 簿

明

陈正仁 贵州人，由贡。

李 振 广东番禺人，由吏。

以上俱弘治年任。

典 史

明

张明贤 江西余干人，由吏。旧志：勤谨和绥。

---

① 滨，原文为"摈"。

胡　浩　湖广黄陂人，由吏。旧志载：质实谦和，优于赞政。

以上俱成化年任。

林　秀　湖广松溪人，由吏。

朱　麒　浙江嘉兴①人，由吏。

赵　得　直隶仪真人，由吏。

叶　珵　浙江上虞人，由吏。

陈　佳　浙江上虞人，由吏。

陈　森　浙江慈溪人，由吏。

梁　演　广东番禺人，由吏。

以上俱正德年任。

谢　德　浙江黄岩人，由吏。

陈　绫　广东电白人，由吏。

李　钟　江西丰城人，由吏。

莫　住　广西苍梧人，由吏。逐盗邓大总，力战而死。祀名宦，有传。

李　铛　直隶来安人，由吏。

方大正　浙江淳安人，由吏。

钱　述　江西庐陵人，由吏。

张　宰　浙江会稽人，由吏。

戴　谟　浙江鄞县人，由吏。

李一迪　广东海阳人，由吏。

以上俱嘉靖年任。

唐盛世　广东顺德人，由吏。

隆庆年任。

李　钥　浙江山阴人，由吏。

----

① 嘉兴，原文为"加兴"，下同。

吴光祖　广东顺德人，由吏。

袁成美　江西宜春人，由吏。

巫之祥　江西余干人，由吏。

以上俱万历年任。

张图南　陕西人，由吏。

丁时隆　山西汾阳人，由吏。

陆宗臣　浙江余姚人，由吏。

姚继谕　江南休宁人，由吏。

以上俱天启年任。

李三汲　江西南城人，由吏。

汤九思　南直山阳人，由吏。

张宪臣　浙江嵊县人，由吏。

唐世伦　河南陟县人，由吏。

程可远　江南高淳人，由吏。

徐德骅　浙江山阴人，由吏。

高国用　浙江人，由吏。

以上俱崇祯年任。

右［上］明纪载三十五人，祀名宦者一人：莫住。

国　朝

马奕勋　浙江钱塘人。

赵国玺　陕西华州人。

王文才　北直隶人。

以上俱顺治年任。

杨廷楹　陕西富平人。丁忧回籍，死于上杭。

康熙元年任。

刘自清　陕西富平人，由吏。

康熙十一年任。

论曰：古公侯伯子男，各以其所封之国传之子孙。故读其世家而先后相承之序，烂如也。自封建废为郡县，官其地者不一人，为之官者不数载。于是变世家而题名，冠以年岁，表时也。永定建邑，断自王公环始。旧志幕僚别叙，兹并缀之。至于循良者，则曰有纪迹。奕世之后，故老遗黎，道其遗泽，时兴景慕。则所记载者，岂仅里居、履历已哉！

教　谕

明

谢 弼　江西安福人，由举。祀名宦，有传。
成化十五年任。

廖观海　广东省海丰县碣石卫人，由举。祀名宦，有传。

李 桢　江西南城人，由贡。
以上俱弘治年任。

黄 诚　广东番禺人，由举。

廖 翔　广东顺德人，由举。

江 奎　江西贵溪人，由贡。

李繁昌　广西宜山人，由贡。
以上俱正德年任。

雷 裕　江西丰城人，由举。

罗 正　广东高安人，由贡。

冼 谟　广东南海人，由举。名宦，有传。

董 昱　湖广黄冈人，由贡。

朱 材　直隶歙县人，由贡。

郭永达　广东四会人，由贡。

陈希中　广东揭阳人，由贡。

萧曰学　江西永安人，由贡。

陈大本　浙江分水人，由贡。

以上俱嘉靖年任。

叶允明　广东河源人，由贡。

李应选　广东归善人，由贡。

以上俱隆庆年任。

温　理　始兴人，由贡。

沈应鹗　奉化人，由贡。

罗　泮　新城人，由贡。

严光翰　莆田人，由贡。

张廷相　同安人，由举。

江良宾　常山人。由贡。

杨继秀　建安人，由贡。

周　桐　德化人，由举。有"去思碑"。

刘　达　南平人，由贡。

陈用举　晋江人，由举。

李茂桢　茂明人，由贡。

余应中　龙溪人，由贡。

黄良杞　松溪人，由贡。

米文洪　莆田人，由贡。

以上俱万历年任。

熊会奇　临川人，由贡。

陈士利　邵武人，由贡。

陈　濂　仙游人，由贡。

以上俱天启年任。

李从震　建宁人，由贡。

黎元德　高明人，由贡。

潘大鼎　崑山人，由贡。

张治本　邵武人，由贡。

林宣化　泉州人，由贡。

刘廷耀　龙溪人，由贡。

以上俱崇祯年任。

右〔上〕明纪载四十一人，祀名宦者三人：谢弼、廖观海、冼谟。

国　　朝

张　期　闽县人，由贡。

吴伶鼎　晋江人，由举。

张天华　建阳人，由贡。

郭万完　龙溪人，由举。有"训士碑"。

以上俱顺治年任。

黄甲先　罗源人，由贡。

康熙九年任。

训　　导 万历间设

明

雷域中　建安人，由贡。

刘廷华　福安人，由贡。

吴伯汪　连州人，由贡。

马应龙　铅山人，由贡。

余应中　龙溪人，由贡。

钟大务　东莞人，由贡。

向秉元　巴东人，由贡。

王尚宾　龙岩人，由贡。有"去思碑"。

张　拱　光泽人，由贡。

以上俱万历年任。

吴愈曾　临高人，由贡。

林日馥　晋江人，由贡。

陈念祖　连江人，由贡。

以上俱天启年任。

林在宸　惠来人，由贡。

胡希祖　淳安人，由贡。

吴鼎臣　福清人，由贡。

武尚德　辰州人，由贡。

以上俱崇祯年任。

右〔上〕明纪载十六人。

国　朝

陈启明　连江人，由贡。

乐维清　大田人，由贡。卒于任，与教谕郭万完合祠。

以上俱顺治年任。

论曰：古者师儒一官，与令、长等。宋胡瑗教授苏湖，立经义、治事两斋，其流风至今传者，由当时最重教官。举子家状，必自言受业某教授。虽闾里句读，童子之师，不关白教授者有禁。故学术出于一，师道尊也。明开县初，设教谕一员，万历间增训导一员，国朝仍之。至康熙三年，奉裁训导。或谓僚署太俭，事权不尊。载稽前史，如明臣刚峰海公对杨贺公，独非起家教官而名垂青史者欤！

巡　检

兴化司

明

梁南容　广西郁林州人。

鲍　麒　河南郑州人。

何文辉　浙江建德人。

胡　益　江西南昌人。

胡　裕　浙江奉化人。

宋　清　直隶舒城人。

段　铎　江西萍郑人。

以上俱成化年任。

李　兴　直隶怀远人。

许　谅　直隶繁昌人。

钱　贵　浙江仁和人。

以上俱弘治年任。

洪　绶　江西铅山①人。

高　鹤

以上俱正德年任。

邢　义　直隶桃源人。

李　真　直隶苏州人。

罗　亲　浙江上虞人。

周文郁　江西丰城人。

晏文宪　浙江新瑜人。

---

① 铅山，原文为"沿山"。

熊　谅　直隶丹徒人。

以上俱嘉靖年任。

严守敬　浙江新瑜人。

戴景良　浙江萧山人。

周曰仁　广东三水人。

陈嘉兆　广东兴宁人。

杨　纯　广东程乡人。

苏上明　浙江石门人。

曹三畏　江南芜湖人。

吴　铉　江南芜湖人。

李　升　浙江钱塘人。

萧钦若　江西太和人。

陈奇龙　广东饶平人。

鲜于禄　广东和平人。

沈尚朴　江南吴县人。

以上俱万历年任。

李　瑚　江南长洲人。

刘　冕　江南庐陵人。

潘士极　湖广攸县人。

以上俱天启年任。

应　阶　浙江会稽人。

赵善仕　江南芜湖人。

丁思政　浙江仁和人。

叶树茂　江南吴县人。

杜居益　浙江秀水人。

唐尚仕　盛京宛平人。

以上俱崇祯年任。

右〔上〕明纪载四十人。

国　朝

　　刘士奇　江南上元人。
　　李仲杰　盛京大兴人。
　　程　捷　江南江宁人。
　　蔡文在　江西南昌人。
　　胡天爵　盛京宛平人。
　　以上俱顺治年任。
　　侯嘉祉　陕西富平人。
　　刘　杰　浙江山阴人。

太平司

明

　　王原坪　浙江丽水人。
　　何永通　浙江丽水人。
　　以上俱景泰年任。
　　周　聪　浙江德清人。
　　天顺年任。
　　汪　济　江西星子人。
　　曹　宁　浙江仁和人。
　　杨　荣　浙江黄岩人。
　　韩　亮　江西弋阳人。
　　陈　荣　广东饶平人。
　　朱　显　江西清江人。
　　蔡惟盛　广东南海人。
　　以上俱成化年任。
　　戴　俊　直隶蒙城人。

张　凤　直隶宿迁人。

董　永　直隶巨鹿人。

以上俱弘治年任。

杨　壁　直隶长州人。

潘仲和　广东新会人。

吴　珙　江西铅山人。

陈　辉　浙江宁波人。

赵　冕　湖广云梦人。

朱　蹟　浙江鄞县人。

以上俱正德年任。

刘　仕　江西赣县人。

唐　彬

邢　端

高　洁　陕西朝邑人。

梁　满　广东南海人。

裴　铺　浙江鄞县人。

方　云　浙江武康人。

章甫臣　浙江西安人。

以上俱嘉靖年任。

麦　蓬　广东新会人。

陈　鸾　浙江山阴人。

以上俱隆庆年任。

周　凭　浙江山阴人。

杜乔岁　江西安远人。

徐宗礼　江西临川人。

朱应元　江南武进人。

李名试　浙江嘉兴人。

张宗仁　浙江杭州油烛桥头人[1]。

赵善友　江南上元人。

张德明　浙江杭州人。

杨明达　浙江开化人。

刘三省　江南华亭人。

张文轩　浙江油烛桥人。

祈大义　广东雷州人。

林茂春　浙江仁和人。

以上俱万历、天启、崇祯年任。

右〔上〕明纪载四十二人。

国　朝

徐汝弼　江南建平人。

胡以仁　浙江秀水人。

朱廷宣　江南山阳人。

郭天福　陕西咸宁人。

以上俱顺治年任。

三层司

明

孙　昶　浙江新城人。

陈　隆　广东饶平人。

汪　源　江西乐平人。

以上俱成化年任。

丘　表　直隶寿州人。

---

① "人"字校补。

赵　瓒　直隶沛县人。

杨　贵　直隶寿州人。

汪　彬　江西玉山人。

以上俱弘治年任。

杨　钺　直隶元城人。

闻人珙　浙江人。

以上俱隆庆年任。

祝大顺　浙江会稽人。

黄绍芳　广东博罗人。

朱应聘　浙江绍兴人。

缪　瑚　浙江山阴人。

李　瑚　江西丰城人。

刘　冕　江西吉安人。

项廷辉　直隶歙县人。

傅汝经　江西沿山人。

陈汝政　直隶青阳人。

倪思震　直隶祁门人。

赵善遂　直隶泾县人。

熊极如　江西星子人。

孙一鸾　浙江永康人。

以上俱万历、天启、崇祯年任。

右［上］明纪载三十六人。

王　继　直隶人。

周　銮　浙江人。

以上俱正德年任。

雷　旸　江西丰城人。

曾　和　江西丰城人。

丁　宪　浙江人。

蔡　山　江西丰城人。

饶　尪　江西进贤人。

王　禄　直隶舒城人。

李　谦　浙江永嘉人。

桂　弼　直隶清河人。

彭　泗　江西大庾人。

王　袍　直隶无锡人。

以上俱嘉靖年任。

沈　学　浙江山阴人。

徐孟仪　浙江建德人。

国　　朝

陈加庆　浙江山阴人。

林应元　浙江山阴人。

罗一麟　直隶大兴人。

蒋世爵　浙江山阴人。

陈可绪　陕西华阴人。

以上俱顺治年任。

论曰：邑之三司，有设于开县以前，有设于开县以后，皆为地方计长久也。故历任职官，悉为谱之。其间才能昭焯，碑存去思者，别为表焉，以志不朽。

名宦纪绩 附

明

知县王　环　莅新创之邑，而有剸烦之才；制难处之事，而

有敢为之志。廉明果断，兴利除害。历任六载，吏民悦服，有
《政迹碑》。见《文翰》。

教谕谢　弼　振铎草昧，师范融和，条议杭粮，纂辑邑志。
詹事彭华曰："敦厚温柔，醉葩诗之奥旨；文行忠信，仰杏坛之
遗踪。"善诗文，多纪述，学者慕之。申祀名宦。

教谕廖观海　勤于训诲，始终不倦。立身制行，为士所宗。
入祀名宦。

典史莫　住　莅任惟勤，捕贼殒命。嘉靖二十二年，巡守道
徐巡历至县，哀其死，为文致祭，批县申详。入祀名宦。

提学副使熊　汲　江西南昌人。诚信率人，道学范士。存有
兴起斯文之颂，没①有泰②山北斗之思。提学道朱批允据福州府
等学生员张标呈情行县，入祀名宦。

同知黄震昌　号阳冈，江西迻县人。嘉靖四十年署县事，值
上杭李占春作乱，被胁者众。公收集善类，入城安插。召募乡
兵，民乐为用。发廪赈饥，民赖以宁。公勤王事，没于永定。民
哀思之，竖碑城西。入祀名宦。

知县刘文诏　广学舍，筑杭陂，出粟赈饥，捐赀助丧。擒王
满贼于巢中，服山背民于化外。履任六年，冰蘗如一。解组去
任，士民泣送。入祀名宦。

教谕冼　谟　秉性温雅，制行清介。凡斋膳夫，受以常制。
门殿库级，止于使令。且春风和气，薰炙士类。勤于课试，却馈
助贫。申祀名宦。

知县许文献　性耿介，多智略。任永六载，始终一节。永俗
图赖，公痛抑之。故六年之内，绝无讼人命者。尤恶舞文之吏，
每事必亲裁焉。至有冤抑者，力为雪之。时贼首温祖缘谋欲劫

---

① 没，同"殁"。下同。
② 泰，原文为"太"。

县，公计就擒。有乡兵死于追捕者，为文泣祭。值岁饥，设赈劝输，务期实惠。历任纸赎，悉纳谷上仓，及置兵器藏库，人莫测其意者。公去未几，地方扰乱。战守之具，粮饷之费，饥民之恤，咸取给焉。署印黄震昌拊髀叹曰："许知县真神人哉！不积斯谷，不戢斯具，则今日之永定，策将安施？"勒碑志迹，建祠于东岳之右。旧志以未入名宦，故附纪于此。

知县闵一崔　公庭寂静，敷政慈祥，勤课士类，厘剔衙蠹。莅任一载，卒①于官。士民戴德，建祠特祀。顺治七年，知县赵廷标申祀名宦。

知县何守成　勤慎正己，廉洁惠民。创学田，建义仓，旧增三千余丁，力为请止。加意人才，轸念民隐。兴革八事，堪垂百世。谣曰："前有王父，后有许母。贤哉何侯！二公接武。其苏我生，其止我处。"建祠东关，春秋二祀。以未入名宦，故附纪于此。

知县吴殿邦　有才名，能吏治。崇文教而申改学宫，课士类而创置书院。蠲免里役常规，厘剔吏胥夙弊。听讼无冤民，衡鉴多奇士。严君子小人之分，隆尊年尚德之风。勒碑建祠，至今颂祝不衰。未入名宦，故附纪于此。

署　　绩 附

明

叶　珵　浙江上虞人，任本县典史。正德元年署县事，申蠲差役，改建衙宇，政迹殊多。

黄震昌　本府同知，署县事。迹见名宦。

霍蒙拯　广东南海人。由举，任清流县教谕。崇祯二年，署

---

①　卒，原文为"率"。

县事，建文昌祠，设常平仓。经术政事，至今慕焉。

林逢春　广东南海人，丁丑进士。左迁本府照磨，署县事。平寇赈饥，谦厚爱民。见《政迹碑》。

国　朝

卢裕砺　盛京三河人。由拔贡，任本府同知。顺治十七年，署县事。课士恤民。见《政迹碑》。

申传芳　河南延津人。由贡，宁化县丞。康熙六年，署县事。未满十月，邑里有"官清民安"之谣。

论曰：职官既有志矣，而继列名宦署迹者何？盖宦有可名，篆有代署，或为四境清利弊，或于数事见廉明。以见志怀利济者，岂在一日已哉！

驻防将官 委署不载

国　朝

张　强　河南人。入祀武惠祠。

郭　洪

姚宗仁　以虐民杀。

董得胜　以叛杀。

张有义　盛京宛平人。入祀武惠祠。

王得胜　古竹营，以告发去。

徐　凤

吴　习　江西人。古竹营。

卞　捷　江南镇江人。入祀武惠祠。

楼时玉　河南人。

　　论曰：防将之设，所以分捍御之权，而桑土乎一方者也。其兵与闾阎为伍，于民为最亲，关系民之利害尤巨。一或失纪，大则弗获其庐井，小则弗宁其樵苏矣。永之列将，率皆韬略素娴，膂力方刚。数十年来，兵民欢如兄弟者，皆安民和众之力也。则严以驭下，睦以处民。舍二者，宁有他道欤？

秩官卷之六终

永定县志卷之七

选　举　志

进士　举人　荐辟　恩拔　岁贡　例贡　武科
赇封　儒官　应例　吏员　武职　内宦

进　　士

明

赖　先　号中峰。登弘治①庚戌钱福榜，授户部主事，官至常德府知府。懿德孙。

张　僖　号凤山。登嘉靖戊戌茅瓒榜，授中书科舍人。

沈孟化　号观瀛。登隆庆辛未进士，丁父忧回。万历甲戌殿试，登孙继皋榜。初授直隶江浦知县，升刑部河南司主事，差漱江南。升本部山东司员外郎、江西司郎中。出守浙江湖州府知府。升广东按察司副使，理驿传。转升广西布政司左参政，告养归。补授湖广布政司左参政，驻节蕲黄。以忤税监，左迁广西按察司副使。转升广西布政司左参政，驻节梧州府。宦绩详见大学士沈鲤记中。玉璋子。

吴煌甲　号愉之。登崇祯癸未杨廷鉴榜，授广东揭阳县知县，钦取。懋中长子。

熊兴麟　号石儿。登崇祯癸未杨廷鉴榜。初授南直隶宜兴知

① 弘治，原文为"正德"，庚戌应为弘治三年。

县。历任礼部主客司主事，升巡按湖广监察御史。

国　朝

　　萧熙桢　号瞿亭。登顺治己亥徐元文榜，授湖广长沙县知县。

　　黄日焕　号愧莪。登顺治辛丑马世俊榜，授广西兴业县知县。丁忧回，补陕西甘泉县知县，升江南邳州知州，升淮安府同知。

举　　人

明

　　阙　和　永乐癸卯科。年二十一岁，由上杭学中式。丰田里人。

　　丘　岩　正德辛酉科。由上杭学中式。太平里人。

　　张　弘　景泰庚午科。年十七岁，由府学中式。授直隶宁国府同知，署府道篆。

　　赖　先　弘治己酉科。由县学中式。

　　赖守正　弘治戊午科。由县学中式。先长子。

　　李　益　弘治戊午科。由县学中式，授直隶太仓州训导。

　　孔庭训　弘治辛酉科。由县学中式，授杭州府通判。升湖州、绍兴二府同知，升刑部员外郎。

　　梁　仁　弘治甲子科，由县学中式。

　　廖　凯　正德庚午科，由河南开封府学中式第六名。

　　赖守方　正德癸酉科，由县学中式。先次子。

　　张　僖　嘉靖甲子科，由贡监中南京乡试。

　　赖希道　嘉靖癸卯科。由县学中式，授江西建昌县知县。玉季子。

黄益纯 嘉靖戊午科。由府学中式，授直隶睢宁知县。科之子。

沈孟化 嘉靖辛酉科，由府学弱冠中式。

卢 贯 万历己卯科，由县学中式。

周行先 万历甲午科。由府学中式，授浙江常山县知县。上杭籍，永定人。

赖朝选 万历癸卯科。由县学中式，副甲辰榜，授湖广长沙县知县。

赖维岳 万历丙午科。由府学中式，署泉州府永春县教谕。升广东兴宁县知县，加衔兵部职方司主事。希道孙。

赖明选 万历己酉科。由县学中式，授南直隶常州府通判，署府篆。惠民敬士，士民立祠祀之。

吴日修 万历戊午科。由府学中式，署尤溪县教谕，升广西陆川县知县。又升河南睢州知州。

林钟桂 万历戊午科。由府学中式，授直隶如皋县知县，摄泰兴县篆。

张尧中 天启辛酉科。由县学，以《春秋》中第四，魁副壬戌榜，署河南汜水县教谕。甲子科，分校河南乡试。僖之孙，一漠四子。

卢乾亨 天启丁卯科。由县学中式，署湖广叙浦县教谕，授陕西庄浪县知县。

卢日就 崇祯癸酉科。由福州学教谕中式，署江西瑞金县教谕。升广西岑溪县知县，又升南京北城兵马司，升补刑部主事。宝子。

阙和衷 崇祯癸酉科，由府学中式。

吴煌甲 崇祯己卯科，由县学中式。

熊兴麟 崇祯壬午科，由县学中式。

赖即亨　崇祯壬午科。由县学中式，授浙江青田县知县。霖曾孙。

吴宾王　丙戌科，由县学中式。

陈上升　丙戌科，由县学中式。

国　朝

阙　振　顺治甲午科。由县学中式，授浙江嘉善县知县。

吴祖馨　顺治辛卯科副榜，甲午科副榜，丁酉科中式。迪光长子。

萧熙桢　顺治丁酉科，由县学中式。

黄日焕　顺治庚子科，由县学中式。

孔煌猷　康熙己酉科。由县学中式，授江西峡江县知县。

卢　化　康熙壬子科，由府学中式。日就子。授江南繁昌县知县。丁忧候补。

论曰：古者取士于乡，选之司徒，升之司马。汉置孝廉，唐置进士，明易以制义而兼用之。国朝仍其制，而寓搜罗于慎简之中。广之则数科连茹，约之则因时减额。总之，收人材以供一代之用也。哲人在望，继起者宁无望高山而思仰止欤！

荐　辟

明

林秀山　金丰里人。由孝廉荐，授浙江金华府同知。

胡　时　金丰里人。由经明行修荐，授上杭县训导。

丘德馨　胜运里人。由经明行修荐，授武平县训导。

赖懿德　胜运里人。由经明行修荐，授湖广宜都县知县。先之祖。

卢德芳 太平里人。由人材荐，授江西湖口县知县。

廖子忠 溪南里人。由人材荐，授直隶徽州府知事。

王友智 溪南里人。由人材荐，授广东阳春县巡检。

詹甘棠 丰田里人，天颜子。由官生，以材略荐，授鸿胪寺序班，升本寺寺丞。父宦西川一十六载，棠留家园，侍王母谌太恭人、母罗恭人，备极色养。二恭人昕夕怡怡，几忘子、夫之远离。洎父殉节蜀中，万里奔丧。始由襄樊，继由秦陇，俱以道梗不能达，饮恨而回。频年苦块，一如初丧。最后由滇、黔，循洑、马，诣嘉阳，历峨嵋，入成都，市号野哭，崖觅渊访，获遇旧员龙辅篁、邓若禹等，始悉颠末，直抵彭水之川心营，乃得扶榇旋里。历学博郭君万完、乐君维清，邑令岳君钟淑、任君名成，署令周君仲选、吴君奇标，先后以"孝子顺孙"详宪表章。郡守王君康侯、巡道卫君绍芳、巡按成君性，为题请旌奖，匾其里曰"父子忠孝"，颜其堂曰"可以作忠"。而四川夹江令乔君振翼为叙次，海内士大夫赠送诗歌，名其帙曰《同淑吟》，行于世。

论曰：明初，立贤无方，荐辟一途，直踞科第之上。逮宣皇以后，制科隆重，渐次寝格。怀帝末造，间一举行，而少见多怪，啧有烦言。稽古三公推荐，五府论征，名公巨卿，焜绅耀绖，两汉尚矣。李唐赵宋，或授简藩僚，或飞帛岩谷，树绩流芬，代不乏人。永固僻壤，蒲缲罕及，积行君子，多壅上闻。二百年来，仅得数公。而嘉言懿行，彰彰足纪。然则资格虽严，此途顾可少乎哉？

恩拔贡

明

熊　浩　嘉靖己丑恩贡。

张　僖　嘉靖癸巳恩贡。

赖　洽　嘉靖乙未府学恩贡。授直隶池州府通判，升河南郑州知州，官至长史。懿德曾孙。

孔庭诏　嘉靖乙未拔贡。授山西平阳府通判，升广西宾州知州。

吴　诰　嘉靖丙申府学拔贡。授广东程乡县知县，持己严洁，风裁凛然。时程乡有黑千户，恬［怙］势横行，凌轹小民。奏请诛之，强悍詟慑。院交荐之。卒于官，士民悲号，立碑志迹。

沈玉璋　嘉靖丙申拔贡，授浙江宁海县主簿。子孟化贵，累赠中宪大夫广西按察司副使，兼布政司参议。

赖　泗　嘉靖庚子恩贡。授直隶盐山县训导。懿德玄①孙。

赖　霖　隆庆丁卯恩贡。授湖广安仁县知县。先之曾孙。

卢吉士　万历年间恩贡。

赖一鲤　万历年间恩贡。授广东归善县县丞，升阳山县知县。玉之孙。

卢嘉会　万历年间恩贡。授建宁府寿宁县训导。

赖昌祚　泰昌元年恩贡，选知州，改授旌德县知县。覃恩赠亲。一召子。

郑维明　天启元年恩贡，授祁州州判。

---

①　玄，原文为"元"，避讳字予以径改。下同。

詹天颜　崇祯元年恩贡，授龙安府石泉县知县。升庆阳府同知，当行，士民固留。按院题改本府同知。平献贼有功，累官四川巡抚佥都御史。

熊铨元　崇祯乙亥府学拔贡。国宾次子。

林文聚　原从林入廖，以廖凤聚名。应崇祯乙亥拔贡，呈文选司，复今姓名。授江南休宁丞，升江西宁都县知县，加衔兵部主事。按院林兰友以功荐召考选，覃恩封亲。

江奋龙　乙酉贡，授武平县训导。

张鼎焊　乙酉府学贡。

熊　埙　丙戌恩贡。

国　朝

王铨爵　顺治戊子恩贡。正以持己，谦以接人，平争息忿，彦方一流。

郑士凤　顺治辛卯恩贡。考选知县。日益长子。

徐泰来　顺治甲午恩贡。灿之孙。

王日中　顺治辛丑恩贡。

卢而烨　顺治辛丑府学恩贡。

陈上篯　康熙壬子拔选监贡。

岁　贡

明

吴　蒙　金丰里人，授浙江富阳县知县。剔蠹厘奸，士德民怀。

王　和　溪南里人，授行在光禄寺监事。

陈　新　溪南里人，授广西布政司照磨。

郑仕达　溪南里人，授江西分宜县主簿。

赖祖隆　胜运里人，懿德之子。

丘　陵　胜运里人，授浙江布政司经历。

吴　宽　胜运里人，授湖广巴东县教谕。

谢　肃　金丰里人，授广东阳山县教谕。

赖　政　胜运里人。

李　勉　胜运里人，授靖江王府典仪。

刘　龙　溪南里人，授广东新会县县丞。

沈　穆　溪南里人，遇例冠带荣身。

张　铎　溪南里人。

赖　哲　胜运里人。

廖廷才　太平里人。

赖　瑨　胜运里人，授贵州安顺州判。赠父宗茂征仕郎。

江　沂　金丰里人，授直隶合肥县主簿。

卢　章　金丰里人，授江西武宁县主簿。

赖　迪　胜运里人，授直隶建平县主簿。

范　升　溪南里人，授荣府奉祠。

以上由上杭学贡。

简　重　成化壬寅贡，授广东乐昌县训导。

李　瑜　授江西余干县主簿。

吴　明　授浙江严州府经历。

赖　高　弘治戊申贡。懿德曾孙。

赖　绍　弘治庚戌贡，授山东庄平县训导，升浙江山阴县教谕。

赖　金　弘治壬子贡，授直隶淮安府经历。

赖　广　弘治甲寅贡，授直隶松江府经历。

廖益夫　弘治甲寅由府学岁贡。

郑　绅　弘治丙辰贡。

赖廷用　弘治丁巳贡，授州判，升湖广会同县知县。

罗　珍　弘治戊午贡，授浙江崑山县县丞，升广东澄迈县知县。

卢　聪　弘治己未贡。

沈　源　弘治庚申贡，授直隶蠡学训导。

郑　絪　弘治壬戌贡。

林　靖　弘治甲子贡，授广东新兴县县丞。

刘　福　正德丙寅贡，授广东潮州府照磨。

郑廷芳　正德戊申贡，授广东琼州卫知事。

吴世英　正德己巳贡，授云南嵩明州同知，户部郎中。湘之孙，举人琚之子。

赖　玉　正德壬申贡，授广东临高县县丞，升授广西榕县知县。懿德曾孙。

郑　质　正德甲戌贡，授云南寻甸府通判。封父廷杰。

郑　策　正德丙子贡，授广西大平府通判。

卢　金　正德戊寅贡，授云南蒙化府经历。

赖　宪　正德庚辰贡，授广西贵县知县。

谢　贵　正德辛巳贡，授江西余干县县丞，升四川新都县知县。

赖　锦　嘉靖壬午贡，授广东万州知州。懿德曾孙。

郑　厚　嘉靖癸未贡。授云南征江府通判，征江苦于徭役，厚设法减派。又苦山獞，厚剿抚并行。自此怀德畏威，不敢犯境。解组回日，民遮道送。甥张僖有记。

赖守端　嘉靖甲申贡。懿德曾孙。

赖守严　嘉靖丙戌贡。授浙江淳安县主簿。懿德曾孙。

熊　春　嘉靖戊子贡，授江西赣州府学训导，升赣县教谕。历任七载，课士有方，赣庠立祠祀之。有记。

郑　道　嘉靖壬辰贡。

　　罗恒信　嘉靖己亥贡，授江西德化县训导，历升山东鲁府教授。珍之子。

　　张大显　嘉靖庚子府学贡，授广东徐闻县县丞。弘之孙。

　　赖　津　嘉靖庚子贡，授青州府教授。因母丧，辞归。蒙府奖"秩寒守洁，为人所难"，赠《孝经》十册。

　　郑世绣　嘉靖辛丑贡，授直隶城学训导，升海门县教谕，又升扬州府泰兴县知县。

　　郑　周　嘉靖壬寅贡，授直隶溧水县主簿。

　　卢　新　嘉靖甲辰贡，授浙江嘉兴府学训导。

　　刘　荣　嘉靖乙巳贡。见《孝义》。

　　赖　璞　嘉靖丙午贡。授阳春县教谕，升宾州学正。懿德曾孙。

　　简　策　嘉靖戊申贡。授四川绵川同知，升王府审理。

　　熊　楗　嘉靖己酉贡。春之子。

　　吴　岳　嘉靖庚戌贡。授广东香山县训导。

　　沈　肇　嘉靖壬子贡。授江西赣州府学训导。

　　赖守愚　嘉靖壬子府学贡。授直隶六安州判。懿德曾孙。

　　赖希昌　嘉靖癸丑府学贡。授浙江建德县主簿，升四川剑州州判。玉仲子。

　　赖　瀹　嘉靖癸丑贡。授广西浔州府经历。先之孙。

　　张　珂　嘉靖乙卯府学贡。授浙江太平县训导，升广西苍梧县教谕。弘曾孙。

　　曹宗佑　嘉靖丙辰贡。授河南鹿邑县训导。

　　吴祖昌　嘉靖戊午贡。授广东琼山县主簿。

　　孔庭谕　嘉靖庚申贡。

　　赖　瀚　嘉靖己未贡。授广东潮州训导，升吉府教授，致仕。先之孙。

　　赖希乔　嘉靖甲子贡。授江西瑞金县训导，升广东遂溪县教谕。玉四子。

　　熊　慎　隆庆丙寅贡。授湖广荆州府学训导。

　　张一源　隆庆丁卯贡。授江西新城县县丞。僖长子。

　　曹宗佐　隆庆戊辰贡。授江西吉安府学训导。

　　赖希仍　隆庆己巳贡。懿德玄孙。

　　赖一龙　隆庆庚午贡。授本省福清县训导。玉之孙，希孔长子。

　　沈一麟　隆庆壬申贡。授晋江训导，升上思州学正。肇之长子。

　　张一渶　万历甲戌贡。授浙江新昌县县丞，升观海卫经历。僖之仲子。

　　李思庄　万历贡。授浙江嘉善县县丞，善志载："淡泊不污。"升南宁府经历。

　　卢一松　万历贡。授湖广吉府教授。

　　郑惟梓　万历贡。授沙县训导兼署县事，升江西饶州府教授。

　　沈孟似　万历府学贡。笃学好修，天性孝友。辛酉，弟观瀛乡荐。偕回，途被盗执，愿以身质，先脱弟于难。及弟历任大参，未常抵任，惟色养慈闱，但手书以"忠廉"相勖。居家仰体太翁志，以所遗产与叔父之子均。为人慷慨磊落，有古贤豪风。惜受选而卒，未得展其志焉。

　　沈孟作　万历贡。授德化县训导，升广东阳江县教谕，署县事。又升南雄府教授，振铎而文教兴，署篆而政治茂，卓然儒雅，蔚矣贤良。

　　卢士志　万历贡。授双溪县训导，升大田县教谕。

　　赖　桓　万历贡。授浙江兰溪县训导，署兰溪、义乌二县事，有惠政，二县脱靴留记。归里，乡饮大宾十五次。先之曾孙。

赖有则　万历乙酉贡。授建宁府训导。

张一澜　万历戊子府学贡。授泉州府同安县训导。僖季子。

赖有缘　万历戊子贡。授邵武县训导，升揭阳县教谕。

陈应岐　万历贡。授建宁府寿宁县教谕。

赖　堂　万历贡。

丘复恒　万历贡。

李思谨　万历贡。

吴茂梧　万历贡。诰之子。

卢允衡　万历贡。授兴化训导。

卢世宁　万历贡。授封川教谕。

赖一麟　万历贡。授广东归善县训导。玉孙。

曾子毅　万历辛丑贡。博稽群书，闭户著述，有《解醒编》、《诗余》、《雅韵》、《投机集》、《醒心录》。复精核岐黄，有书曰《春归岩谷注集》行世。

赖可大　万历癸卯贡。授诏安县训导，升江西益府教授。才学兼优，孝友并著。先之曾孙。

卢　宝　万历丙午贡。赠承德郎兵马司指挥。

张尧采　万历贡。授安溪县训导。僖之孙。

郑洪道　万历丁未贡。授寿宁县教谕，升邵武府训导，又升雷州府教授，又升建昌王府教谕。归里，乡饮大宾九次。

张希文　万历辛亥贡。

赖作辅　万历贡。授教职冠带。

徐　灿　万历癸丑贡。孝友勤学，以经术垂训。泰来祖。

郑国卿　万历贡。授安溪县训导，升广东德庆州州正，署开建县事。按院奖其"学博才优"，委巡查盘。后升福州府教授。

卢士举　万历贡。授浙江金华训导。

沈元轼　万历丁巳贡。授晋江县训导，平粜施粥，给棺藏骸。乡饮大宾三次。孟化长子。

张拱应　　万历贡。

卢自可　　天启元年贡。

卢自迥　　天启三年贡。授浙江嘉兴府经历，署桐乡县事。

林际春　　天启五年贡。授乐清县训导。

赖裔周　　天启七年贡。授丽水县训导，升南安教谕，又升潮州府教授。

郑日益　　崇祯己巳贡，中副榜。

卢日就　　崇祯辛未贡，中式癸酉科。

熊国兴　　崇祯癸酉贡。授广东饶平县训导。

林光翰　　崇祯乙亥贡。授江西抚州府学训导，升福清县教谕。

赖　善　　崇祯乙亥府学贡。先之玄孙。

卢奇选　　癸酉科副榜，崇祯丁丑贡。

阙应祯　　崇祯己卯贡。授广东揭阳县训导，刚方正直，足迹不入公门。司铎时以忠孝勉士，人钦仰之。

丘与宪　　崇祯辛巳贡。授莆田县训导。

赖锡爵　　崇祯癸未贡。

阙锡衮　　乙酉贡。

沈元范　　乙酉府学贡。

卢士遴　　丙戌贡。

国　朝

赖朝相　　顺治戊子贡。

卢日新　　顺治己丑贡。授泰宁县训导。门人熊兴麟有记。宝子。

吴来凤　　顺治辛卯贡。事见《文学》。

孔如梁　　顺治癸巳贡。登之孙。

熊钟元　　顺治乙未贡。学优明经，才堪服众。以双亲既逝，竟不出仕。国宾长子。

　　赖昌明　顺治丙申府学贡。授泉州训导，修学课士。致仕归，督杭陂，恤宗族。乡饮大宾，一召子。

　　郑士鸿　顺治丁酉贡。授永春县训导。日益次子。

　　熊日辅　顺治戊戌府学贡。

　　廖化龙　顺治己亥贡。考选训导。

　　丘民贵　顺治辛丑贡。

　　卢受和　补贡。

　　赖进箓　康熙癸卯贡。

此后奉例暂停，至己酉始复。

　　郑绍之　康熙己酉贡。

　　阮光周　康熙己酉府学贡。候选训导。

　　陈钧奏　康熙辛亥贡。候选训导。

　　吴祖芳　康熙癸丑府学贡。迪光次子。

　　熊有翼　康熙癸丑贡。

例　　贡

明

　　卢　春　授云南丽江府照磨。

　　吴　经　溪南里人。

　　吴　钦　授扬州教授，太平人。

　　赖廷穆　授湖广宣慰司经历。

　　陈　昂　授云南剑川州吏目。

　　郑　迅　授广东临高县主簿，升荆府奉祠副。

　　吴文绘　授广东韶州府知事。见员外郎孔庭训铭。

　　阙　椿　授广东都司都事。

廖 潜 授广东归善县县丞，升永安县知县。

卢九经 授浙江淳安县主簿。

陈 晏 授雷州遂溪县主簿。

赖主恩 穆之子。

卢 穆

孔 登 授仪真县主簿。煌猷祖。

以上载旧志。

郑恒富 高雅拔俗。早擅文名，人速①其入②监听选。不甘小就，苦志力学而终。

张鼎辉 乙酉例。

论曰：《射义》曰："诸侯岁贡士于天子。"《书·传》曰："诸侯于天子，三年一贡士。"盖古取士之专途也，沿及汉。唐有明经之科，而廷试则自武后始。自后变为限年旅升之格，其间或以恩需选，或以尤异拔，制不一也。然往往名儒辈出，勋伐烂然。而国朝仍之，故明经一途，至有建牙分闑、树桌开藩者，亦异数也。至剖竹、膺符之侣，踵相接矣。编而纪之，使人知三途取士、八纲罗材，咸思所以自奋于功名云。

武 科

国 朝

卢化熊 中康熙己酉科。

罗肇声 中康熙壬子科。

---

① 速，招致。
② 入，原文为"人"。

姜丹书　中康熙壬子科。上杭籍，永定人。

貤　　封 未受诰敕者不载

明

赖宗茂　以子瑨贵，赠征仕郎贵州安顺州州判。敕命一道。

赖　瑨　阶征仕郎。敕命一道。

赖　恒　以子先贵，赠承德郎户部山东清吏司主事。敕命一道。

赖　先　阶承德郎。敕命一道。

孔　瓒　以子庭训贵，赠奉政大夫，浙江绍兴府同知。诰命一道。

孔庭训　阶奉政大夫。诰命一道。

郑廷杰　以子质贵，封云南浔甸府通判。敕命一道。

郑　质　阶承德郎。敕命一道。

沈玉璋　以子孟化贵，一赠文林郎应天府江浦县知县，二赠承德郎刑部主事，三赠中宪大夫浙江湖州府知府，四赠中宪大夫广西按察司副使兼布政使司左参议。敕命二道，诰命二道。

沈孟化　一阶文林郎，二阶承德郎，两阶中宪大夫。敕命二道，诰命二道。

陈　位　以子希圣贵，赠征仕郎云南都使司经历。敕命一道。

陈希圣　阶征仕郎。敕命一道。

赖一召　以子昌祚贵，赠文林郎宁国府旌德县知县。敕命一道。

赖昌祚　阶文林郎。敕命一道。

林继旺　以子钟桂贵，赠文林郎扬①州府泰州如皋县知县。敕命一道。

林钟桂　阶文林郎。敕命一道。

吴茂葵　以子日修贵，赠奉训大夫河南归德府睢州知州。诰命一道。

吴日修　阶奉训大夫。诰命一道。

熊彦恒　以子兴麟贵，一封文林郎常州府宜兴县知县，二封承德郎礼部主客司主事。敕命二道。

熊兴麟　一阶文林郎，二阶承德郎。敕命二道。

林廷绅　以子文聚贵，封文林郎赣州府宁都县知县。敕命一道。

林文聚　阶文林郎。敕命一道。

卢　宝　以子日就贵，赠承德郎兵马司指挥。敕命一道。

卢日就　阶承德郎。敕命一道。

国　朝

黄孟淑　以子日焕贵，赠文林郎广西梧州府郁林州兴业县知县。敕命一道。

黄日焕　阶文林郎。敕命一道。

明②

曾　氏　以子瑨贵，赠太孺人。

游、王氏　以夫瑨贵，赠封孺人。敕命三道。

李、蓝氏　以子先贵，赠封太安人。

阙　氏　以夫先贵，封安人。敕命三道。

①　扬，原文为"杨"。
②　"明"字校补。

温　氏　以子庭训贵，封太宜人。

梁　氏　以夫庭训贵，封宜人。诰命二道。

熊　氏　以子质贵，赠太孺人。

张　氏　以夫质贵，封孺人。敕命二道。

卢　氏　以子孟化贵，一赠太孺人，二赠太安人，三赠太恭人，四加赠太恭人。

林　氏　以子孟化贵，一封太孺人，二封太安人，三封太恭人，四加赠太恭人。

郑　氏　以夫孟化贵，一封孺人，二封安人，三封恭人，四加封恭人。敕命六道，诰命六道。

游　氏　以子希圣贵，赠太孺人。

李　氏　以夫希圣贵，封孺人。敕命二道。

林　氏　以子昌祚贵，赠太孺人。

孔　氏　以夫昌祚贵，封孺人。敕命二道。

陈　氏　以子钟桂贵，赠太孺人。

赖、王氏　以夫钟桂贵，赠封孺人。敕命三道。

张、郑氏　以子日修贵，赠太宜人。

郑　氏　以夫日修贵，封宜人。诰命三道。

吴　氏　以子兴麟贵，一赠太孺人，二赠太安人。

郑　氏　以子兴麟贵，封太孺人，二封太安人。

郑　氏　以夫兴麟贵，封孺人，二封安人。敕命三道。

郑　氏　以子文聚贵，封太孺人。

巫　氏　以夫文聚贵，封孺人。敕命二道。

吴　氏　以子日就贵，封太安人。

吴、罗氏　以夫日就贵，赠封安人。敕命三道。

国　朝

罗　氏　以子日焕贵，赠太孺人。

张　氏　以夫日焕贵，封孺人。敕命二道。

论曰：召公《策命》之词有曰："釐尔圭瓒，秬鬯一卣。"盖因其贤胤，以赐及其先。是即后世封亲、赠祖之所自始也。故事凡人臣，以考最闻，或遇恩霈。六品而下，身有，敕其父母如之；四品而下，身有，诰其父母如之；二品而下，身有，诰其祖父母如之。其俪亦及焉，故曰："王言如丝，其出如纶；王言如纶，其出如綍。"盖华衮之被，有不胜天语之温锡者。永自开治来，以科第明经起家，其相继蒙宠赉者，代不乏人。汇而录之，盖以彰典礼之崇隆，而扬孝治之大经也。则后起者，其思所以效；嗣续者，其思所以绳乎！

儒　　官 俱生员应例

明

王积瑀

熊学伊

赖希传　懿德玄孙。

熊　滋　号仁山。

赖有荣

熊学懋　号南衢。

胡世清

卢启东　新之子。

林　耀

廖　汉

张一元　大显子。

郑显通

吴　讷

廖　灿

张华先

廖　宇

卢日升　　乾亨父。

赖华祖　　即亨父。

阙寅衷　　号圣虔。笃学好施，度量恢弘。振父。

吴煌春

应　　例

明

吴　谏　　授蜀府典膳。

卢有虞　　纳王府典膳。

严朝卿　　纳王府典膳。

赖丕显　　纳德府引礼。

赖伯元　　由庠生入太学，选授知事。

赖良材　　纳王府典膳。

巫仲爵　　纳荆府典仪副。

赖一夔　　纳王府典膳。

张一鸿　　王府典膳。

丘应龙　　援例入太学，选授吏目。

郑一栋　　授王府典仪。

郑经纪　　府庠生入太学，选授经历。

丘应兆　　由庠生入太学，选授经历。

廖　新　　授职典仪。

丘与闵　　由太学，授山东泰安州同知。救荒御寇，俱有功绩。处乡邑，慷慨好施，人咸义之。

　　张登俊　以庠生入太学。初授江西临江府经历，升广东碣石卫经历。

　　陈其恪　邑庠生入太学，候选县丞。

　　丘与游　援例入太学，考选经历。

　　丘与仲　援例入太学。

　　简其元　由庠生入太学。

　　沈一燡　由太学考选县丞。

　　王予标　由太学考选州判。

　　王腾龙　由庠生荐，授桂林府通判。

　　阙宏衷　授工部所提举。

　　林滋大　授北京鸿胪寺序班。

　　阙献珂　授鸿胪寺署丞。

　　沈一煜　由庠生入太学。

　　丘与若　由太学，考选经历。

　　许承光　由庠生入太学。

　　赖天祐　由庠生入太学，任衡山县训导。

　　丘与齐　由庠生入太学。

　　卢坎亨　授光禄寺署丞。日就子。

　　赖天祚　授鸿胪寺序班。

　　孔宗瑞　吏科供事。

　　詹甘霁　礼部儒士，考授光禄寺监事。天颜子。

　　廖景隆　都察院苏考选令史。

　　萧上露　字闰弘，太学生。

　　萧士菁　字象森，太学生。

吏　员

明

沈荣忠　授广西藤县县丞，升卫经历。

张均义　授江西贵溪县县丞。

范善卿　授内府丁字库副使。

罗得福　授广东宣伦县典史。

江李茂　授浙江乐清县馆头司巡检。

丘子厚　授湖广辰州府高岩司巡检。

陈　亨　授广东阳山县铜台司巡检。

曾　辉　授广东龙川县和平司巡检。

郑宗辉　授直隶徐州税课司大使。

汪　弼　授直隶武邑县典史。

张　先　授湖广汉川县河泊所官。

王　琮　授两浙盐运司太嵩场大使。

林　洧　授广东河源县税课局大使。

罗　征　授广东儋川安海司巡检。

黎　献　授河南怀庆府仓大使。

苏　谋　授勇义中卫仓大使。

丘　瑛　授广东龙川县通衢司巡检。

罗　贤　授云南雄府税课司大使。

何　远　授直隶凤阳府仓大使。

廖　敞　授宿仓仓大使。

林　崇　授湖广荆州府仓大使。

苏永松　授湖广衡州府仓大使。

严　清　授南京中军都督府草场大使。

卢景祥　授广东水口驿驿丞。

俞　鸾　授广东海丰河泊所官。

戴文选　授广东新宁巡检，升新安主簿。

简　要　授江西南昌县广积仓大使。

廖成德　授广东饶平县主簿。

丘文昇　授广东肇庆卫经历。

邓　科　授广西南宁府南乡司巡检。

罗世祥　授广东吴江盐大使。

丘　亮　授广东东莞县盐大使。

丘文绘　授贵州大龙畬长官司吏目。

黄　瀚　授龙里卫平伐长官司吏目。

丘时俊　授河南淇门县驿丞。

邓　梓　授广东化州梁家沙巡检。

丘仲山　授湖广枇杷仓大使。

罗宗棠　授浙江太平县巡检。

周碧昌　授浙江乐清县巡检。

以上旧志。

邹文钟　授江南宁国府典史，升广东兴宁县主簿。

卢应卿　授北直隶保府知事，升陕西河州卫经历。

詹　爵　授湖广松滋县典史，升江西都昌县主簿，委署县事。升广东香山县县丞。

曾廷职　授广东感恩县典史，升南京芜湖县后藩司巡检。

吴承光　刑部办事，选广东东莞县典史。卒于京。

戴　禧　授华亭县典史。历任三载，华民立《去思碑》。居家以孝。

陈　伸　授广东广州府新会县县丞，署本县篆。

张国臣　授凤阳县典史，升高邮州仓大使。

张应鸾　授将乐县仓官，升江西瑞金县瑞林司巡检。

　　周维宁　由永定县掾考选县丞。改授山东宁县典史，职司盐、捕二项。盐院蒋以完课、通商、恤民、循职荐，马院李以奉公、循职①、盗靖、民宁荐。卒于官，宁②民勒石志。

　　陈　隆　授宣化县县丞，升府经历，署县事。

　　王育才　授广西天河县典史。

　　陈希圣　授北京武功中卫经历，署河南县事。覃恩赠亲。

　　林　棠　授广西桂林县县丞，署本县篆。升柳州府经历。

　　萧天叙　原考选县丞，任北京内黄县典史。

　　徐朝首　授浙江萧山县县丞，升处州府卫经历。

　　巫应龙　授南京芜湖县典史。

　　郑经纯　考选南京应天府经历。卒于京。

　　张奇猷　授湖广上津县典史。时县已破，监道朱委署县事。

<h2 style="text-align:center">省　　祭</h2>

明

　　简廷璋

　　卢　镛

　　邓　楠

　　赖克明

　　刘伯麟　授广东潮州仓大使，升南城县蓝田司巡检。荣之孙。

　　江　泗

　　黄　淑

　　阙　宠

---

　　① 原文无"职"字，依文意校补。

　　② 宁，原文为"陵"。

赖一镇

张一淳

以上旧志。

郑 侃

郑经纶　授广东新兴县典史，转南雄仓大使，升严州府知事。捐俸修商文毅公牌坊，商家附祀于庙。

戴大恩

廖继祖　仕南曹冠带。

刘　瑰　授益府典仪所礼官。荣之曾孙。万历四十六年，御史崔旌顺孙。

卢士学

廖定桂

王朝藩

郑仕先

武　职

明

邓　兴　由伍，授通州卫正千户，调福建镇东卫所正千户。

郑　纲　由军士，授百户。

许　泉　授北京锦衣卫指挥。

苏　京　身长九尺，多膂力。弘治元年起送，封卷帘将军。

廖　鹏　正德时授北京锦衣卫指挥使，升都督元帅。

许　综　授北京锦衣卫千户。

许　乔　授北京锦衣卫百户。

郑　嘉　授名邑千户。

郑仁济　廪生，以功授都宪赞画。道长子。

郑恒通　因大埔县平沙寇乱，出力擒捕，以功授广东惠州平山地方把总。厚之六子。

黄一化　授广东惠州罗经营守备，升广州梧州府游击。

徐　烣　授广东惠州府归善县白云营守备。

张士钎　由庠生选将材。授广州府守备。景元子。

简叔赞　崇祯十七年，平寇有功，赣院万题授经制守备。卒于官。

王　筹　授广东中军都司金书。

内　宦

明

廖　堂　太监，钦差总镇中州河南等处。考察天下官员贤否，下理军民词讼。

廖　广　北京尚衣监太监。

廖　銮　北京司礼监太监。

廖　宣　北京御马监太监。

廖　辉　北京内官监太监。

廖　忠　北京御用监太监。

廖　祥　北京都知监太监。

游　孜　北京御马监太监。

游　泗　南京司礼监太监。以上俱玉带。

罗　成　南京镇守孝陵卫太监。

张　祐　北京内官监太监。

张　旭　北京尚善监太监。

赖　升　北京酒醋局太监。

温　祥　北京内隶监太监。

附 阴阳学训术

陈　鼎　陈惟陵　郑　缜　陈　旦　陈文俊　赖良臣
阙　恩　郑仁淑　邓　柏　赖希雍　郑一葵　赖一锭
赖一吕　郑　梅　王三聘　郑济南　郑明术　陈王泉

附 医学训术

张以璇　张文叙　张文德　卢金锭　张　侃　孔　立
赖主爱　卢恒亨　刘玉畴　邹应瀛

选举卷之七终

永定县志卷之八

人 文 志^①

名臣　直臣　忠臣　循吏　文学　孝义
隐逸　儒行　乡善　节烈　仙释

名　臣

赞曰：旬宣命使，赋政王臣。一朝华岱，四国凤麟。

沈孟化　号观瀛。由进士授江浦令，江浦濒江，无城郭。勋干卫弁，奸宄错杂。又值衢道，一无所避。时核田令峻，兢兢戒胥吏，选耆宿。无几，微苛扰以最征。时议筑城郭，数年拮据，节缩千余金，留之官而去。授刑部主事，差谳江南，平情理狱。迁郎中，时值中贵人家多犯大辟，执法不阿。

出守潮州，时值大旱。老弱仰面，待尽早夜。竭蹶劝赈，平籴以活土著，煮粥以活流徙，各不下数万人。继值大水，郡力不能支，亟陈饥状以请，得发司农金为济，所活又复如初。报政入觐，潮州别驾龚先进、司李^②周著各为当事所龁，中以幽典，毅然曰："良吏黜，何用守为？"抗言力争，立堂下足不少移。当事变色，靳^③之，不为屈，卒以得直。时计吏毕集，天官、署中闻

---

①　人文志，底本目录作"人物志"。
②　"司李"，即"司理"。乾隆志、道光志改为司理。
③　靳，奚落。

其丰采，有泣下者。

迁广东副使，理驿传，多借摄他道，皆举其职。迁广西参政，念亲老，坚请终养。主爵者强之，不可，补蕲黄道参政。楚俗剽悍，每多盗劫，所隶旧逋、赎锾且千计，诸郡邑系狱追取者数百人。一日免之，盗亦以息。时税监横楚中，事事禁戢。戒所部吏，毋以百姓媚税监；戒所部民，毋为税监爪牙。凡税监以事下，所部以法割之。税监恚甚，遂以"抗旨庇属"闻。时属税监罗织者，无不掇奇祸。爱之者讽以谋，求援他溪，恬然曰："今之营，何如始之不撄？"竟夺一阶，左授广西副使去。值五山反叛，武靖土舍，争力构乱，镇之以静。旋皆听命惟谨。而韦酋煽逆，掠思陵州，劫夺官，奉旨剿处十年矣，未竟。事隶崀南，非其部也，即借代摄崀南。顾兵饷俱乏，乃调集，土汉渐合。又钩得南宁绝田千余亩，斥以供军。独计贼所为，陆、梁将无恃。有内间，缉之，得谭监生等。急掩之，服罪，贼果气夺。乃遣裨校操檄直入其地，谕之祸福，责以大义。安南酋目郑松大感悟，即督兵象三万，破禄州，焚六寨就擒。旨取逆犯周佑、周保、梁保等。未糜[1]一镞，韦酋巢穴已捣。贼党陆佑、黄尚，仍负固思明。内地又督土司赵邦定等，以重兵压之，遂擒黄尚于风门岭，陆佑震慄潜窜。以入贺行，大功未录，识者惜之。

迁右江参政，右江多獞猺，时相仇杀，出掳掠，人畜多被其害。躬督指挥朱尧武等，往剿大阳红庙贼。临阵斩其渠以殉，余众股慄，请抚者百余峒，降者数万人。悉编入堡伍，为之立社学，恭绎圣谕。择其翘异，给衣冠约束之，文物渐兴。又以入贺行，卒于江西泰和白石潭舟中。自筮仕江浦，历官参政，覃恩封赠考妣，纶音四锡，锦轴流光焉。祀府、县、乡贤。

---

① 糜，通"靡"。

直　臣

赞曰：权门抗节，乔固晖穆。投簪拂袖，秋霜琨玉。

张　僖　号凤山。由进士，授中书科舍人。当严相揽权，欲罗僖为门士，使人讽以美官。僖不肯附，上疏劾嵩二十四罪，挂冠而归。及嵩败，屡征不起，有司罕睹其面。处乡里一如素士，时称为"白衣中书"。崇祀乡贤。

忠　臣

赞曰：以身殉职，甘死如荠。魂依玉垒，彩照峨嵋。

詹天颜　号僯五。由恩贡，初授四川龙安府石泉县知县。庚辰举边才，晋陕西庆阳府同知。当行，士民固留，按院陈题改本府同知兼理府事。时献贼破蜀郡过半，天颜多布方略，龙赖以全。事闻，特恩加级，署府道事，随升松藩道、安绵道。卒，官终四川巡抚金都御史。详《蜀寇纪·芳烈纪》。

循　吏

赞曰：汉旌卓异，宋美阳春。茇棠继召，膏黍追郇。

赖　先　号中峰，常师事罗一峰。由进士，时当选，念亲老，乞归终养。至戊午，始拜户部主事，署部卓有贤声。赍边饷而士卒感恩，督钞关而商人怀惠。收京仓，权贵不附。清西蜀屯田，豪右敛迹。选本部员外郎，引疾归里。时逆瑾用事，例京官养病者致仕。逆瑾既诛，铨曹屡檄不起。正德癸酉，以成命擢常德知府。郡小民疲，方又修建荣府，中官诛求甚峻，痛加裁抑，有利病则力为之。独耻献谀，多忤当道，即激流勇退而归。士民悲之，如失父母。历官有惠政。至其归田，以行谊率乡人，以学问淑后进，以孝义教子孙，以家礼变时俗。是皆盛德在人耳目者也。韩子云："乡先生死而可祀者，其在公哉。"俱详府志。李梦阳《赠浒墅赋》，见《词翰》。崇祀乡贤。

　　赖　玉　号高山。天性孝友，素履纯笃。由岁贡入太学。会小靖盗起，流劫乡都。闻父伯瑛被害，即由南监奔京师奏剿。嘉靖初，授临高丞。视篆经载，吏畏民怀，抚黎蛮倾心向化，建石桥捐助俸赀。临人戴若父母，立祠祀焉。致政明农，以经书教子孙，皆以科贡文行显。

　　孔庭训　号东溪。慈祥温醇。决断辨理，贤能已见。褒封清介，著闻今昔。三任越邦，始终一节。产不加厚，宅不加广。箱无余帛，囊无余金，足称循良矣。

　　赖　锦　号南沂。学行纯雅，气宇宏深。领万州牧，教养并行，黎蛮驯服，抚按有"昭代龚、黄"之奖，士民有建祠勒石之思。及以终养归农，杜门不出。侍老母，课儿童，暇则赋诗，自适而已。享年七十有七。

　　孔庭诏　号东源。由拔贡，初授平阳府通判。奉檄督修大同等关墙以捍边寇，建营田五，议以裕军需，皆有成绩。奉旨钦依赐帑金前后二十两。考绩升宾州知州，甫视篆，即询民疾苦，申改岁运大军仓米三千石为折色，罢不急之征，省里甲之费，民咸爱戴如父母。平生好学，手不释卷。所著有《东源漫稿》、《三晋集》、《寓宾集》、《归田集》、《日记闲谈》。事详于《考终录》及志铭、传记。

赖希昌　号西峰，剑州判。精明练达，制行端庄。出仕浙蜀，抚按奖保云："清勤出众，慈厚得民。莅判卓有贤声，蜀篆全无物议。"卒于官，民哀之如丧考妣焉。

赖　洽　号果泉。天性清介，不染苞苴。察院特保云："节判池州，百姓有'青天'之号；近署溧水①，万民有遮道之留。此臣不当以常格擢用者也。"后升郑州牧，卒于官。宦囊无私，足称"清白吏"。

沈玉璋　号九山。性冲行恪，敦孝励廉。由选贡，授浙江宁海簿。历任六年，始终一节。宁旧无城郭，人鲜知兵。以职司逻捕，勤于训练。后值倭寇掠境，躬率东仓兵御之，邑赖以全。致政归，友爱弟玉振，弗忍分居。人咸称曰："今之公艺也。"

赖希道　号龙泉。由举人，授令建昌。建昌为江右剧地，政务浩繁，民性鸷骜，而逋赋尤甚。下车未越月，逋者复，负者输。修学舍，建桥梁，除加马，释冤狱，清衙蠹，积义仓，卓有贤声，以老辞归。

黄益纯　号健峰。由举人，授温州府教授。应聘南畿分校，得士六人。升授睢宁令，修理学宫，捐租赡士，均定田亩，革例舒民。疏浚河等处九湖十门以全庐井，立巡河墩堡二十一处以保商旅。申详协济以息夫役，计养马种以免摊派。节制七十二所屯卫贩军，剪除一十二起剿掠积寇。招集流移八百余户，开垦抛荒五百余顷。历任五载，乞休终养。归乏斧资，抚、按照以勘合，百姓立祠祀之。附睢宁县《官师志》："公博学宏才，清修雅操，兴利除害，民至今不忘。"事详《去思碑》。

赖　霖　号仁宇，先之曾孙。由恩贡，任湖广安仁县知县。莅任四载，置义田，建社学，设仓储，修陂塘。嘉意学校，捐俸建塔于熊耳山巅，以培文峰。民田侵没于茶陵军者，清丈以复

---

① 溧水，原文"漂水"。

之。因丁母艰而致政。祀名宦。

赖朝选 号显我。由乡荐，任湖广长沙县令。清廉纯谨，长沙王旌曰"乐只君子"。

赖一鲤 号云吾。由贡任阳山县知县，有惠政。按、抚交委惠州十邑查盘，升王府审理正事。附阳山县《官师志》："严门役，重善良。杜私谒，申保甲。创读书亭，置学田。政暇多著作，刻《钧民苦语》、教成闾阎。去后，士民勒石。"

赖昌祚 号蒙著。由恩贡，考选知州，改授旌德县知县，覃恩赠亲。以忤当道，转调山西藩司照磨。历署盂县事、保德州事，廉能著绩。升授榆社县知县，清案牍，禁刁顽，绝苞苴，恤凋瘵，犒城夫，严保甲。善政累累，都察院汪、盐运使孙有《政绩录》。

赖维岳 号峦宗。由举人，授兴宁县知县。捐俸二百金，创修学宫。邑苦服毒，日无停讼。实行痛禁，活千余命。时刘勾鼻、陈文作乱，团练乡兵，悉缚斩之。剔奸清税，洗濯绝尘。任满行取，升兵部职方司主事。维岳三世为令，治县一如家谱云。因病致仕，置田四百余，飨祀祖父以及兄嫂之无祀者，与众轮收。在孝廉时，有以小讹犯禁者，邑令倒悬松梢，命几一线，维岳力脱之。犯者以身请役，曰："予救人适自快耳，其图报何?"家传清白，未尝凌人构怨，族党颂义。崇祀乡贤。

吴日修 号海门。由举人，初授广西陆川令。陆隶于州，往时州哨激乱，地棍辄乘浮狼为变。条陈三害，遏州差，戢盗贼，惩党棍。治陆五载，士民沿路立祠祀焉。升睢州知州。

卢日就 号斗孺。由举人，署江西瑞金县学谕。升广西岑溪县知县，岁额解牛判银四百两。莅任，严禁屠牛，每年捐俸陪解。岑邑獞猺错处，易为民害。恩威并济，獞猺帖服。岑自宋置县，未有以乡荐者，乃为立程课士。己卯、壬午，岑士连登贤书。督、抚交荐，升南京北城兵马司指挥，士民立祠祀之。以丁艰回籍，后补刑部主事。

吴煌甲 号愉之。由进士，授广东揭阳县知县，多惠政。乙酉，揭阳大饥，刘公显反，以九军围城月余。督民兵击退之，积劳成疾。会有命钦取，曰："不能平贼，如职何？"力疾画攻守数事。寻卒于官，年三十二岁。揭人专祠致祀。载《潮州府志》。

丘与闵 号闾如。由太学，任山东泰安州同知。救荒御寇，作士爱民。严保甲，修马政，清粮弊，正屯田。郡号神君，部推廉能。丁艰回籍，士民扳辕，建去思碑于道傍。后，竟庐墓不仕。

文　学

赞曰：元亭白凤，谢氏青箱。三长擅技，七报成章。

胡　时 号子俊。淳良忠厚，善吟咏、楷书。洪武八年，杭尹刘亨以经明行修荐，授上杭县学训导。教人随质高下，受业者甚众。至今人咸仰之。崇祀乡贤。

丘德馨 号子瞻。博极群书。洪武初，求山林隐士，杭尹刘亨以经明荐武平训导。武平知县衡、县丞陶，皆师事之。奉旨特召，发螺川。有诗。辞归林壑，觞咏自乐，清名雅望。崇祠乡贤。

赖懿德 号以德。资性仁厚，沉酣经史。永乐间，以经明行修荐，授湖广宜都县知县。拙催科，勤抚字。士高其行，民怀其惠。

郑　道 号弘夫。素性朴实，学问宏博。逊居房以广学宫，屡旌德行。应嘉靖壬辰贡，授浙江武艺学训导。升广东陵水学教谕，又升江西浔州府学教授。力行古道，各庠士皆庆得师焉。

黄　科 号伊野。才华隽拔，学问渊充，博究群书，文有苏、欧风。行检方正，动遵古法，学者多师事之。屡试首选，当贡而殁，士类惜焉。

黄益纯 事见《循吏》。博综经史，沉潜理学。睿悟渊通，务敦实行。出宰繁疆，署篆三邑。学术经济，具有实验。事继母，追踪闵子。自祖遗产以及俸金，悉奉之母，以分诸弟。继母性严，即归宦后，犹偕孺人祗敬承欢。林下二十载，著述自娱。虽尘釜壁立，不辍编摩。凡铭传、序记，四方多辏求之。持躬乐道，轨则先民。当道奉为典型，学者仰为山斗焉。所著有《彩窝集》、《绿竹居诗集》。巡抚王诤、门人枭司吴之鹏、给事周子文，俱有传赞。科之子。

卢一松 号念潭，王府教授。以藩封之学与韦布异，摘四书中切于"修"、"齐"、"治"者各十条，名曰《要学三编》，演说进讲，王甚嘉纳。晚年师事龙江林先生，授"艮背心法"。所著《学道要端》、《井田议》、《化俗议》、《醒心诗》、《宗孔集》行世。

卢 宝 号信吾。幼警敏，负笈温陵，师事谢台卿先生。博极群书，试辄前茅①。著有《炊玉编》、《蛩吟录》。居恒以孝友承家，子若孙相继登贤书，人称"余庆。"县府申详督学，批准陪祀。

赖维岳 号峦宗。五六岁能历数古今人物。命对，辄应如响。弱冠，补弟子②员。一时，名宿如林丛岩、吴海门，皆称为畏友。东粤人士，行束脩请铎。数年，及登贤书，署永春谕。晋江吴宣伯、翁吉爔，间关执弟子礼，声誉炳然。如刘鳌者，历试不遂，及亲受业，甲子遂登经魁，选授兴宁令，即微时振铎地也。复聚多士论文，咸谓"昌黎再至"。其门人胡英、刘道昌、王若水，别为传纪之。嗜古学，多著述。有《古今裘》、《金涌

---

① 茅，原文为"矛"。
② 弟子，原文为"子弟"。县学生员称"弟子员"。

集》、《半豹集》行世。

郑日益　号冲宇。高尚不仕，以道义律身，以诗礼传家。邑令钦式，后学悉师事焉。著有《四书说》、《诗经说》行世。乡饮大宾十六次。

张尧中　僖之孙，号如初。学问渊博，才思隽逸。尤精《春秋》，删辑五。传为后学津梁，海内宗之。

林钟桂　号丛岩。才思俊拔，诗律文词，下笔立就。授令如皋。抚院史可法嘉其有用之学。优游林下，著《余言稿》行世。

卢日就　事见《循吏》，号斗孺。资鲁，攻苦积学，继而成悟。丙午，副乡榜。癸酉，受知于梁兆阳门分房。杨以任叹为"名宿"。凡为诗、古文、词，率寓箴警，不为无益语。遗稿数十卷，人士奉为典型。

吴煌甲　号愉之。幼颖悟，博洽群书。其父教以《五宗文诀》①，一过而复。曰："儿得之矣。"八岁出试，知府沈侍卿目为神童，补弟子员。癸未成进士，云间夏允彝、陈子龙征其文集，镌之金阊，名重海内。房师杨观光命之诠释《参两集》，座师刘理顺赠以诗云："高悬日月经尊易，沛决江河善在心。"有《读〈易〉识小》、《琴心轩艺》行世。

熊国宾　号寅所，增广生。质性温厚，笃行力学，下笔数千言立就。六经子史，多所传注。生平惟事庭训，崔按院特旌德行。两子皆应明经科。

卢乾亨　号柱公。少年游泮，以文字受知郡邑。未常少事奔竞，著《燃黎草》行世。署叙浦谕，藩司曹以为"文堪起凤，气可屠龙"。后令庄浪，著《秦游草》。致仕归里，乡人钦之。

熊国兴　号日楼。性至孝，两事继母，和婉爱顺。父老不仕，殷勤色养。父没，受铎饶平。文行课士，宪司有"苏湖"之

---

①　该书为吴煌甲之父吴懋中所撰。

奖。归林下，赋诗为文，训迪后人，至耄不倦。乡饮屡举大宾。

陈应标　号起瞻，增生。性善悟，父遗书数箧，闭户忘寝食读之。益肆力于古文词，恒好摭古人隐僻之事、赘佶之章，名《鸡跖集》。人疑其文，或诡奥而一，以春容雅丽、简远澹畅为宗。年几耄，目力不衰，宵犹荧荧漏尽。临终，以所遗箧贻子钧奏云。

沈元辙　号幼苏，孟化次子。少颖悟，舞象食饩，博极群书。学宪耿定力所首拔士。工诗赋、词翰。随父任之苕霅，与名家唱和甚众。至父赠送诸巨卿大文，间命代作，则援笔立就。缙绅咸称为"老泉之颖滨"。惜年四十，当贡而卒。

郑士凤　号于阁。顺治辛卯恩贡。壬辰廷试，内院大学士范文程请分房考取本房。翰①林院李廷枢叹为"高雅绝伦，科目遗珠"，录上上卷，进呈，旨授知县。居家闭门著书，有诗集、古文、词行世。

阙尚伦　号明轩。学综经史，辞章奥博，有诗文行世。子孙继登贤书，人称"文行美报"云。

林光翰　号云章。资敏而勤，学博而贯，识奇而确，文奥而葩。己卯副榜，太史陈龙致称其"博雅悬铎"。临川门士李来泰得其金针，后为学宪。才高数奇，士类惜之。

熊铨元　号祥人。聪颖善记，嗜古率真，英年游泮，屡试冠军。崇祯八年，命直省儒臣照乡试例，取博学宏才之士。中式，本省肄业。南雍学士周嘉其才，特疏荐用。以亲老辞归。里人士多师事之。著有《退隐集》。知县岳钟淑赠以诗。

吴来凤　号仪明。赋性简默，文多古奥。学宪熊奇之，巡按陆嘉其文"卓越凡流"。国朝知县岳钟淑称为"高尚先生"，有"禄位已非执戟贱，文章真与太元邻"之句。凡诗序、传记，行、

---

①　翰，原文为"韩"。

草、楷书，晚年尤佳。著有《天随集》行世。

徐泰来　号惠生。赋资英异，品行卓越。十四补诸生。宋、孔二学宪嘉其才品。拔贡入太学，国子师雅重之。长于诗赋。其年不永，士类惜之。

张鼎焯　号聚九。天性诚笃，学问渊泓，精于《春秋》。与伯父尧中，先后有经传，远近宗之。

陈上升　号乔丈。登贤书后，足不履城市，构小筑于乡。多聚未见书，手自校雠，而掇翰属词则元气灏然，人咸以"浑金璞玉"称之。

孝　义

林秀山　以孝廉举，见《荐辟》。

刘　荣　府学生。学道邵锐奖云："善事继母，李密之孝也；友爱伯兄，杨津之弟也。"优赏之。继上杭三图作乱，本府同知缪宗尧以荣行端谨，令诲新民、子民，以礼义化其俗。时贼首赖荣昌、刘元亨复反，荣计缉捕，地方以宁。督抚虞守愚疏题，奉旨授广东惠州府捕盗通判。卒于京。

赖希孔　玉之长子，县学生。事父母尽孝，处兄弟怡怡如也。父疾，祈以身代。邑令常叹其师表乡里，亲书"孝友"二字旌之。

熊正宗　号复斋。早失怙，庐墓三年，丧葬尽礼。好义施，敦友于。督筑上杭城，杭尹黄希礼亲至其乡，立匾旌之，称为"孝子里"。

郑懋官　号举南。天性至孝，年逾甲子，孺慕不衰。亲没，营冢于河口桂畲山中。庐墓三年，饮水茹蔬，有驯虎伏蛇之异。天启元年，知县周齐造其庐而访焉。详院题疏，奉旨敕建牌坊，敕曰："敦念所生，通邑称孝。舐母目于既盲，顿尔揆云见日；

庐亲墓于幽旷，不妨与虎为邻。三日饥似子推，□霖声比桑户。谁无父母？有此孝思，例合旌表。"

吴 赞 号清渠，邑庠生。性至孝，急义好施。知县危言、周齐、钱养民，叠荐孝义。巡按御史徐兆魁旌其额于明伦堂曰："孝能色养，学务躬修。盛德著于儒门，卓志超乎流俗。"凡三膺台奖，云及其孙煌甲成进士，人以为赞阴行之报。

陈吉辅 号明川。性至孝，素行善，建祖基，修坟墓，置祀田。族人义之。知县龙应亮、同知熊茂松、知府沈应奎廉访其事，有"孝友见诸实行，信义孚于月旦"等语。详院具疏，两旌其门曰"孝义"。

廖显玢 嘉靖四十一年，贼来，母耄盲。负母而逃，贼杀之。后贼觉其素行，悔之，遗金帛殡殓。

熊守廉 号爱山。孝事父母，和处乡里。捐赀修祖坟，建塾教子姓①。知县吴殿邦申院奖。滋长子。

廖同伦 号行吾。笃于孝友，谊高任恤。父壮时郁疾，几不起。伦百顺无间，得愈而耄。倡建祠宇，九筑祖茔，五创烝田，以致徭役浮粮无累。

黄金辰 号海超。性仁孝，凡色养哀思，备极诚挚。年幼丧父，伯父恶之。一惟恭敬顺承，弗与较量。及伯父无依，不藏怨怒，事之一如父母，生养葬祭，悉尽其情。至修坟立烝，惠族育孤，周急好施，不营赀产。评旦皆雅重焉。益纯孙，中理子。

吴瑎泰② 号在邦，利见父。孝友性成，正直仗义。母病，刲股调羹。县详院旌奖，有"刲割还一本之根，友恭映联辉之萼"等语。丙戌、戊子，公举城守，不避劳怨，不受公饩，力保全城。三院给"敦伦好义，长城倚重"匾额优奖之。寇平叙功，

---

① 子姓，意为子孙辈。
② 吴瑎泰，乾隆志、道光志为"吴阶泰"。

授都司职衔。辰州太守卢裕砺作传记。

郑宪明　父万周，母江氏，金丰天德乡住。至性纯孝。明幼时，母多恙病。忽夜梦二人索母去，不肯放手。其中有一妇人，穿白衣救解。觉后思之，莫非观音大士乎？即起，在观音座前焚香顶祝，终身斋戒，母得身康寿延。又父久病干呕，饮食难进。明日夜忧虑，家贫不能延请明医调治。忽夜梦一道士行医，直到厅堂，明跪求救病，士说："尔为子果孝，割肉烹食即愈。"次早，对天烧香告祝，再告祖宗，即割左臂肉煎汤父食。嗣后，即不呕吐，饮食无恙，病愈寿延。声传乡邑，上闻县主。适遇高察院按临，闻其纯孝，给赏孝子养亲银三两。于隆武丙戌岁，即顺治三年，都察院高讳允兹，同县主徐讳可久，旌奖匾额"刲股活父"，又有奖语云："技工一艺之末，孝敦百行之先。药饵乏资，感神明于梦寐；刲股烹汤，起父病于沉危。母常多恙，斋稌终身。事竭子职，隐德堪扬。"

吴鼎泰　号连璧。冠带义官，匾旌"孝行"。

王予聘　善事孀母，抚育幼弟，通族称之。

孔时中　号敬湖。母病笃，祈以身代。县申详院，给冠带旌奖。

赖宪谟　邑庠生。善事继母，抚育弟妹。买田以祀祖宗，分屋以居二弟。县详院，给匾奖。希道孙。

阚居仁　少孤寒，早知爱母。长，贫贱不吝①私财。服劳匪间，奉养必隆。按院张特旌"孝义"。

张鼎耀　号冶九，贡生。宗师郭奖语："遭父母丧，寝苦枕块，染沉疴而不变；联兄弟情，分甘共苦，贞始终而无异。"

吴淑南　亲存竭力，亲殁庐墓。闻烈宗崩，痛哭不食。遂绝不就试，惟日读《太上感应篇》。

---

①　吝，原文为"各"，依文意改。

沈一熠　号友恭，府庠生。母疾，衣不解带，足不履室。母殁，庐墓。县府屡详三院，给赏花红。礼部题疏，奉旨敕建坊旌奖。

孔念厚　丙戌，广寇破城。贼欲杀其父，厚乞身代。贼果杀厚而释其父。都督裴廷给银优恤。

朱象升　号浴咸，禀生。事父母存承志，殁省墓，操行廉洁。按院、督学俱有旌奖。子笏，食饩有声。

詹甘棠　号六勿。事详《荐辟》

论曰：为人子者，愿居其季，以事亲之日长也。故有“王公之岁月而不易承欢之顷刻”者矣。凡以竭力爱，日与继志述事，无二视也。志中所载，咸致色养于生前，极哀思于殁后。既已上彻宸听，无间人言矣，犹必核遗行，传其佚事，而以玉管书之。诚愧夫，凡为子者之有类于陈元耳，斯亦风励之一大机乎！至论孝而及于义者何?《诗》曰：“孝子不匮，永锡尔类。”

隐　逸

李　颖　胜运里人，号嗣英。资性超脱，学问宏博，尤善诗词，有《联珠集》行世。时诸监司屡荐不起，乡人宗焉。

吴懋中　号允睿，邑庠生，赞子。嫡母熊失明，漱舐七夕，重翳如扫。父好义，急施予。仰承色笑，晨夕必请所与。知县周齐以“孝义”荐，懋中曰：“此子职也，曷足称焉?”福州陈尚书长祚礼聘至家，率子弟师事者五年。长子煌甲贵，即谢青衫，以琴书自娱。及丙戌寇变，一门八妇，同夕自经。乃慨然曰：“吾子死君，吾妇死节，天之玉我至矣乎！”遂遨游罗浮、鼎湖诸胜而归隐焉。有《五宗文诀》行世。李世熊传其纪略。时称“五宗先生”，又称“睿和尚”云。见《文翰》。

　　黄孟淑　号衷鲁。刚正和易，嗜古力学。凡经书子史，多所纂注。为文不竞时艳，必以归、胡诸大家为法。因遭时乱，不就试，惟以所学教授生徒。尝为诗歌、古文以道志。长公日焕，追随左右，自幼至壮，未常①出就外傅。及联第后，名驰海寓，群奉为文章宗匠，皆其庭训力也。

　　论曰：世有隐而不逸者，考槃迈涧，尘飞市朝是也；有逸而不隐者，优游绿野，身折圭组是也。若乃迹异泉石而蝉蜕风尘，事殊啸歌而琴书在案，所谓"室迩人遐，心远地偏"，斯其为隐逸之真欤！

儒　行

　　郑　贡　讷斋，廪生。

　　赖一忠　增生。正谊高风，长于诗赋。希道子。

　　卢一椿　星楼，增生。

　　廖梦斗　文垣，增生。

　　沈孟伸　直庵，廪生，当贡。玉璋季子。

　　陈　勖　廪生。怀忠宝信，椽笔云章。钧奏祖。

　　王　猷　用吾，廪生。当贡卒。

　　黄中理　廪生。端醇孝友，嗜古力学。益纯子。

　　吴献衷　养奎，廪生。

　　陈　昊　笔峰，廪生。当贡。

　　郭　书　文泉，庠生。

　　廖达才　育庆，庠生。

　　丘应景　三阳。由增生入太学。乐义好施。有《拟高集》行

----

　　① 常，通"尝"。

世。与宪父。

孔谦吉　撝吉，庠生。醇悫。庭诏长孙。

陈应春　养和，廪生。力敦孝友，读书自守。

孔迪吉　宝峰，庠生。煌猷曾祖。

赖以震　雷门，廪生。当贡卒。

郑行凯

卢允衡

吴茂桓　警台，庠生。

孔志达　龙湖，庠生。

吴茂橘　怀斋，庠生。

廖继宗　梦奎。万历辛卯副榜。

吴　诚　箭泉。万历壬子副榜。

赖锡禄　□□□□贡卒。霖子。

沈元轸　励廷，庠生。

吴大栋　副榜。精《春秋》。张尧中、赖维岳皆受业。

赖登元　万历丙午副榜第一。希道孙。

赖锡寿　华祝，增生。

郑日新　警盘，增生。

廖秉忠　若丹，庠生。

孔　钰　集成，庠生。

赖锡祉　篆五，庠生。霖子。

卢俊心　寅殿，廪生。天启丁卯副榜。

沈文熠　庠生。读书乐道，善气迎人。孟化孙。

熊国铉　玉予，庠生。志行醇谨，学宪屡旌。

谢言诏　德誉，庠生。

郑士雅　玉崑，廪生。

孔如日　大绿，增生。煌猷祖。

吴懋功　涵虚，增生。笃学躬行，通称“孝友”。

赖士奇　紫凝，庠生。

朱　袍　锦阳，庠生。

赖昌龄　养元，增生。

赖登瀛　省愧，廪生。

张景元　揆五，庠生。宪奖"陋巷书声不辍，公庭辙迹无窥"。

熊兆熙　毓和，庠生。

熊国鼎　赓若，增生。乡饮大宾。

陈葵衷　向日，廪生。

陈　善　复一，庠生。

张尧龄　淡如，增生。

丘之邦　兆官，庠生。

范日登　联一，廪生。

郑宝能　廉二，增生。

郑纯恭　冯虚，庠生。

廖达道　还一，庠生。

吴茂棠　召廷，庠生。

李必达　庠生。

卢承璋　增生。

廖达善　玉佩，庠生。

郑光祖　重朗，增生。

卢承篆　怀麓，庠生。

吴公治　君平，庠生。

廖廷藩　若鼎，庠生。

陈世珍　玉吾，廪生。

赖梦祖　旦符，增生。霖孙、进箴父。

赖昌鼎　九石，庠生。一召子。

赖谦德　庠生。温恭静雅，事亲至孝。一忠子。

张兆元　履吉，庠生。

张基元　如盘，庠生。

陈钟鼎　展采，增生。

王 濬　玉铉，庠生。

吴来献　憬夷，庠生。恩贡，大宾。

王起鹏　冲九，庠生。

赖昌基　如盘，庠生。一召子。

赖奇闻　声远，庠生。孝敬素孚，真纯共著。

沈一灏　两明。见贡卒。

廖王珍　友石，庠生。孝慈正直。

王象辰　友月，增生。

王承儒　养为，增生。孝友提躬，端方励行。

沈一旭　步仓，增生。

王象斗　旋元，廪生。

吴迪光　宗一，庠生。履仁蹈义，四举大宾。

郑宪祖　庆宜，庠生。

卢日旭　曙海，廪生。学蕴经术，门多醇士。

萧天锡　蓼斯，庠生。详《墓志》。熙桢父。

卢涵粹　象玉，庠生。孝道事亲，义方训子。

卢中人　怀锦，增生。性行诚朴，绰有古风。

熊 祝　充一，崇祯癸西副榜。

赖进铭　勒千，增生。沉酣理学。

卢益亨　容许，廪生。积学工文，宪旄德行。

赖进章　二河。十七岁中癸西副榜。

阙毗衷　对枫，庠生。

熊 仲　碧水，廪生。天性孝友，学行兼优。

赖生中　玉转，廪生。昌祚子。

卢士进　衷赤，增生。赋性侃直，文有家传。

丘　熙　　台辅，庠生。与闵子。

赖四邻　　注则，增生。昌祚子。

郑　褒　　笔山，庠生。悦亲敦友，抗谈解颐。

赖此森　　山仲，庠生。维岳子。

廖镇臣　　颜尺，禀生。颖悟轶群。

赖用宾　　赓之，增生。昌明子。

吴钟鸣　　金声，庠生。

丘与长　　蓼匪，庠生。敦伦重义，耄而好学。

陈　鲸　　府庠生。乡饮大宾四次。上升、上箴父。

论曰：德行先乎文艺，治道本乎儒术。故通三才，斯谓之儒；能践履，斯谓之行。永之山川爽秀，其士潜心经济，餍饫诗书，彬彬号儒雅矣。至品行醇懿，尤人所难及者，或孝友著于家庭，或平恕服于乡曲，或取与廉介，或处事刚方，其仁以泽物，智以解纷，指不胜屈。邑咸高山仰之，典型钦之，使其遭时奋发，则建标植臬，为民轨仪。吾知正己以正人，将有不言而敬信者矣。

乡　善

吴源远　　朴斋，寿九十六。始创儒资田税。凡吴氏科第通籍者，皆其裔也。

沈景厚　　前川，寿八十八。乡饮大宾三次。玉璋父，孟化祖。

张圣福　　寿百有八岁。

熊　洪　　静斋。度量恢宏，乡饮大宾。

熊崇庆　　隐斋。广积善行，拓基诒燕。

熊　禄　　枫林。淳良积庆。兴麟高祖。

吴常镇　源远子，号澹庵。乡饮寿官。

廖林凤　文聚祖。

吴　璘　介斋。条奏上杭疆界，通邑义之。

丘万球　左阳。积德好施。与宪、与闵祖。

吴文统　东畴。冠带乡宾。璘子，煌甲曾祖。

赖谦亨　裕哉。

黄　贞　淳庵。乡饮大宾三次，寿九十四。葬之日，知县毛凤赠以鼓乐。科之祖。

沈玉振　平山。

熊守鳌　瑞堂。乡饮宾。兴麟曾祖。

陈惟盛　亩塘。乡饮宾。钧奏曾祖。

黄　金　少峰。乡饮宾。日焕曾祖。

熊守康　仰仁。乐善好施，屡举乡饮。国兴父。

吴茂栗　心田。谦和纯谨，两举乡宾。

熊　桐　品塘。乡饮寿官。

卢宗善

熊　统　爱湖。兴麟祖。

黄进庄　龙湖。日焕祖。

萧祖寿　仰山。熙桢祖。

郑一乐

廖同文　书吾。乡饮宾。

张　昊　荣台。乡宾。

卢有殷　士遴、士迥父。教子成名，鋈寿乡饮。

陈万粟　顺岩。屡膺乡饮，垂训义方。

张　富　华裕。善人。乡饮宾。

赖维宁　居言。

熊国贵　安隐。乡饮寿官。

郑国俊　悦吾。

郑适学　槐堂。乡饮宾。

黄孟显　殿北。乡宾。

赖宸选　膺所。敦伦好义。

张　辂　新乔。乡饮宾。

熊国昌　斗乾。建亭施路，屡奉院奖。

熊彦辰　益吾。

张宗元　君五。

苏观行　伯举。乡饮宾。

王大名　叠山。乡饮宾。

赖复宇　良贵。乡饮宾。

陈应机　冲和。乡饮宾。

熊国赞　号燮如。乡宾。

苏　侑　难言。魁甲、萌甲父。

吴茂桧　中峰。善人，乡饮宾。

熊国祚　九畴。乡饮宾。

吴玉田

吴懋威　胖予。善人，乡饮宾。赞子。

吴存义　亨宇。利见祖。侃直不阿。

王予佐　醒凡。乡饮大宾。

廖廷葵　向日。乡饮宾。

廖一吾　宾予。善人。乡饮宾。

卢国盛　省吾。现寿百岁。

苏　国

王　臣

张应锦　幼习经史，长敦礼让，齿德兼隆，名高月旦。

孔如梓　淡水。孝友。庭诏曾孙。

苏立纪

丘必登　龙以，乡宾。

张宾臣　晋珩。义施四渡渡夫田税八十桶。附《记善簿》，以待优奖。

论曰：善之积也，如为山而自往；行之阴也，如耳鸣而自闻。虽不求报，德之施人溥矣。虽然不知其种，视其获，相彼诸人，何尔胤绳蛰，厥后克昌也？岂非其祖宗积之深而储之富乎？太上曰："欲求天仙者，当立一千三百善；欲求地仙者，当立三百善。"则为善之人，仙耶？吾不得而知之矣。

节　　烈

赖守正妻简氏　年十八方有娠，而守正卒。生男灏，尤勤训诲。氏平居，捐簪环，绝装节。闻子侄声，即敛迹而避。卒年八十三岁。

张召妻赖氏　召二十一岁卒，子世弘方周岁。时族属逼嫁，氏割发自誓，谋始杜。继而奸恶欲害其孤，氏艰关保全。卒年七十三岁。

张世弘妻郑氏　即前节妇赖氏媳也。世弘早卒，与姑①协心抚孤，誓不再醮。而事姑尤孝，教子克勤。子僖领甲第，皆二节母教之严所致也。年九十六岁卒。

张化妻郑氏　氏年十八，化卒。誓志孀居，事姑尽孝。子一鸿亦周岁，教养成才，道院给匾旌奖。巡按何、徐题请，奉旨建坊于郡②。

陈昊妻吴、张二氏　吴氏昊妻，张氏昊侧室。昊早卒，二氏同心坚守事姑，后以孝闻。详题于郡城，立双节坊。皆耆寿终。

---

①　姑，即郑氏的婆婆。
②　郡，原文为"群"。

赖伯瑛妻李氏　年一百零四岁。小靖寇劫，伯瑛被害时，长子玉以贡由南雍。氏驰书命之："缓奔丧，急奏剿。"玉如其言，仇得以复。治家严而一礼。子孙不衣冠，不见，日课子孙勤学。子玉、琄、璞，皆登仕籍；瑝，以廪生将贡卒。孙希孔，以孝义志；希昌、希道、希乔，亦登仕籍。曾孙一龙、一麟、一鲤，玄孙裔周、作辅、以震、维岳，相继科贡，蜚声宦路。皆氏教诲成之也。氏卒时，漳南道吊唁曰："百岁慈闱天下少，七旬孝子世间稀"。

赖舟士妻卢氏　举人卢乾亨之姊。二十二岁孀居，扶孤赖麟振鬐游黉序，邑人士称为"安贫乐道"。未几麟殒；同媳郑氏，抚一遗孙，勤纺绩以度饥寒。年八旬有余。

阙宠妻郑氏　青年守节，勤辟纑以事姑，竭杼柚以教子。按院给匾建坊。子应桢，以经明授广东揭阳县①学训导。

吴炉妻阙氏　于归方三月而炉卒。或讽之去，氏曰："公姑以妾为命，今幸而有娠，即生女，犹当为吴氏鬼，敢二心乎?"果生男。家甚贫，纺绩事公姑。已日一食，而人莫有知者。孀居七十八岁。两院建坊曰"孝节"。

吴门八烈王氏　庠生吴懋中妻。丙戌，广寇破城，王氏登堂诏诸媳曰："妇人见贼，惟有死耳。"于是姑妇罗拜，为寿序位次，自相结束，阖室雉经。其从死者：长媳熊氏，进士吴煌甲妻，次媳阙氏，庠生吴章甲妻；三媳廖氏，庠生吴人甲妻；四媳温氏，庠生吴晋甲妻。及其孙女贞姑、侍女兰娥、招姊，概殉变焉。

宁化李世熊作《八烈传》，诗云：一聚劫灰珠玉烬，红颜不为白刃瞬。吴家姑妇八屏翳，绝脰争先同毕命。

御史熊兴麟诗云：川岳含灵萃此身，何容玉质玷红尘。性成

---

① "县"字校补。

气骨寒星日，天赋冰霜泣鬼神。诸妇尽殉慈氏节，侍儿犹识主恩亲。至今芳草凄凄①处，一片刚肠续古人。

举人吴祖馨和云：拼得金闺共碎身，劫灰从此渺于尘。素封家失珊瑚树，雪耻兵无咒厉神。千匝屯云烽火外，一垄芳草夜台亲。不知青史凭谁手？为纪当年截腕人。

卢曰型女卢卯姑 受聘于龙岩谢龙官。卯姑年十四岁而曰型卒。执父丧，茹素一年，每日焚香涕泣于父灵前。至次年，龙官卒，卯姑尚室未嫁。闻讣，即欲自尽，姊嫂力劝之。卯姑啮指血书"誓从地下"。伺姊嫂防疏，即拜辞父灵，潜缢以死。龙岩绅衿为作传赞。

廖继先妻朱氏 适先数月，先亡。抚养遗腹子廖遗庆。氏年七十五。县详院旌奖。

王惟仁妻卢氏 卢一松女。松为光泽教谕，氏随父任，及笄，松召仁进赘。仅三月，仁卒。氏奉主②回王门拜见舅姑，继嗣守节，足不出户，六十一岁而卒。

赖玠挽诗曰：三月夫妻凤世缘，忍将旧曲播新弦。菱花锁起归装日，节操松筠六十年。

王予召妻吴氏 氏十八孀居，纺绩养姑，诚敬罔懈，茹素幽闺，至亲子侄，鲜识其面。高按院旌奖。

廖可化妻丘氏 化年十九，病危，嘱氏坚守。氏诺之。遗腹生男光祖，教育游泮，亦克尽孝。寿八十九卒。

吴茂榛妻卢氏 年十八，榛卒。氏哀痛不食，断指誓志，通族为之立嗣。足不履厅，训嗣子以诗书。卒年七十余。县府旌之。

---

① 凄凄，同"萋萋"。
② 奉主，即捧回王惟仁的神主牌。

张振纲妻吴氏　未满一纪①而纲卒。以兄子嗣，励志抚孤。危、龙二县主俱旌奖。

阙锡爵妻吴氏　青年居寡，励志坚贞，按院史罗俱旌奖。

赖乐野妻王氏　野年二十二卒，家极贫。氏抚二子及夫之幼弟，日夕纺织扶养。长子年二十二又卒，氏复抚其孤孙。通族为之立额曰"贤贞苦节"。堂弟赖维岳联曰："四壁抚双孤，毫无怨②言真懿节；六旬经百折，众有公誉允贤贞。"

熊应师妻郑氏　廪生熊士熹母。苦志守节，足迹不履厅堂，惟日课子读书。府县匾奖。以耆寿终。

赖锡福妻熊氏　福早卒，氏方二十三岁，无子孀居。视嫂如母，待侄如子。足不出厅，言语不苟。寿八十终。

丘与颜妻吴氏　十八孀居，抚育嗣子。孝以承先，勤以善后。屡奉院旌。享年七十七。

王珍妻丘氏　励志守节，事姑至孝，教子殷勤。县详院旌奖。子腾龙荐举，孙日中恩贡。寿八十七终。

吴来献妻陈氏　丙戌，城破被执，骂贼投水死。

丘与仲妻吴氏　仲卒，氏孀居。丙戌，城破被执，诳贼于池泮有窖。贼挖，得脱，即跃入池以死。

进士熊兴麟挽诗曰：凄其孤影日，狂贼举烽烟。大节争青史，丹心濯碧渊。有生悲永夜，一死丽中天。起彼良人在，见之应跃然。

赖绍宗妻张氏　鼎革时，夫被贼害。氏痛哭不食，看夫殡殓即死。

赖成德妻郑氏　夫早卒。丙戌城破，氏年二十二岁。闻贼入城，氏即投水以死。

---

① 一纪，岁星十二年运行一周天为一纪。
② 怨，原文为"恕"。

简叔赞妻温氏　子周岁，夫从征江右，卒于官，氏年二十。誓志节操，勤俭教子。六旬卒。

詹甘霖妻苏氏　丙戌城破，甘霖被害，氏随夫自经。

丘门三烈　庠生丘与长妻吴氏及二女。长女，吴文懋媳；次女，庠生赖其昌妻。二女归宁在室，闻贼破城，母女一同投池以死。

乡绅熊兴麟挽诗曰：贼势诚难支，节坚不可移。母心无有二，女志又何其。肮脏青天鉴，安贞河伯知。杀身男子事，女辈觉尤奇。

卢乾亨诗曰：数年世事乱如麻，讵意坚贞萃一家？入闱早娴诗礼训，投渊疑泛斗牛槎。锦衾无伴冷宵月，碧水同侪枕晚霞。每读兰舟赓再咏，搜幽至此倍咨嗟。

赖心芊妻陈氏　孝子陈吉辅女也。年二十，芊病，革①谓氏曰："善事后人。"氏泣曰："君不讳，即相随，无他适也。"遂截发以誓。未几芊卒，氏理丧毕，卜日归葬，告诸姑嫂曰："氏愿同穴。"乃整衣而死，家人为之合葬焉。

郑士儒妻江氏　儒外出不归，家甚贫。氏朝夕纺绩养姑，极尽孝道，二十余年始终如一。迨姑死，为之殡葬毕，叹曰："事已尽，今亦无依。"遂入房，潜缢以死。

沈一旭妻郑氏　戊子土寇破寨，氏率众御敌，被害。

吴尚本妻张氏　青年守节。有司申详按院旌奖。

吴尚璘妻王氏　苦志坚守。按院旌奖。

王铨爵妻陈氏　事姑孝，妯娌睦。丙戌广寇破城，自缢而死。有记。

卢贡妻赖氏　年二十三孀居，子方八岁，零丁孤苦。氏勤俭抚育，教同严父。后，子自任食饩，有才名。孙、曾孙七人，并

———————————

① 革，通"亟"，危急。

列黉序，皆氏之教也。终年七十三。

论曰：珈笄之流，绿窗蕙质也。当死生危急之秋，统系绝续之日，而慷慨从容，有为人之所难能者，非负光岳之完气而能然乎？舍生取义，奚必名儒、巨公而后优哉？表而志之，将彤管寸寸皆芳，象服缕缕可拜者矣。

仙　　释

唐

了　拳　唐时金丰东洋人。初生左手拳曲，有僧抚之，书"了"字于掌中，指忽伸，因名"了拳"。八岁牧牛，枯坐石上，如老僧。以杖画地，牛不逸去。年十二，往广东阴哪坑，乘石渡河，开莲花，随驻阴哪山，称为惭愧祖师。见《潮州志》。

明

大　智　河南人。云游至武溪，兀坐屠旁四十九日。或与之金，不受。屠子曰："僧不受金，岂受吾刀乎？"乃怀刀而去。屠子感悟，乃披剃建庵于鲤潭之上，募铜铸观音像。跃冶不成，师曰："午当成像。"日午，果有陈商携金二锭投之。像成，见金锭于衣札间。届期示寂，作偈而去。

沈龙湖　华音师，学道于青草湖。吏部尚书蒋德馨求嗣有验，撰诗及碑，记其事，号为真人。

黄华音　开建东华，黄庭自课。预言祸福，无不灵应。

熊　绛　号少堂。精于青乌，为人造福，呼为"地仙"。

僧寂明　壁庵。童真出家，闭关静坐，创建静室，撞幽冥钟，士大夫雅重之。玉国师法嗣，付曹溪二十四祖衣。

论曰：世之论仙释者，咸谓其降自蓬莱，至自竺国，其光影在非有、非无之际，遂疑为神鬼之侣矣。予则志其姓氏，列其里居，使人知仙释者，只世上清臞之侣，了不异于人也，庶可以惺汉武之长生、秦皇之不死也哉！

人文志卷之八终

永定县志卷之九

兵 制 志

机兵　弓兵　守御兵
乡兵　防兵　戎器①

机 兵

明

旧志载：开县之初，原编民快二百零四名。每名递年编银七两二钱，俱照各户丁粮科派。每米一石派银二钱四分，合三十石编一名官丁。一丁派银一钱八分，合四十丁编一名督。以巡捕官常川操练，无事则听差遣，有警则守城铺，谓之钱粮民快。

国　朝

裁革一百五十四名，见存五十名。

弓 兵

旧志载：兴化司、三层司、太平司，三司巡检原编弓兵各三十名，共九十名。无事听司差遣，有警谨防关隘。

国朝裁革三十名，见存共六十名。

———

① 底本目录作"兵器"，正文内容缺。

守御兵

旧志载：成化二十三年，漳南道佥事伍希闵因箭竹隘邻界小靖地方，盗贼出没，奏议委武平守御千户官一员、军六十名，屯隘守御。明末废。

乡 兵

十九图各立千长一名，领其众六名于乡，以时点选。遇警，听县召用。如嘉靖三十七年，有流寇千余，湖雷乡兵由丰田追至县南，转战三十余里，杀获甚众。又四十一年，叛兵李铁拐、韦高等三千适至，恃其连破玉山、永丰、崇安等县，鼓噪攻城。时署印经历李滨托病，生员郑仁济、丘复静、赖一卿、顾宏等召集金砂兵，即生擒李铁拐等七人，杀其酋韦高等数级，贼众大败。至于抚溪、天德隔四图等兵，各效有功。然则永兵称勇于八郡①者，大抵皆乡兵也。崇祯十年，知府唐世涵详为《山村守御议》。见府志。

防 兵

国朝汀路分委千总一员，驻札②城内防守。顺治十六年，知县岳钟淑见金丰古竹乡人民顽梗③，且地近漳、潮，伏莽时闻，特详加设把总一员，分驻古竹乡防守。

---

① 郡，古汀州府的别称。
② 驻札，同"驻扎"。
③ 顽梗，原文为"顽梗"。

防兵月米附

顺治年间，旧例每名兵月食米三斗，原拨武平县秋粮本色支给。后因永定去武平甚远，兵丁往返维艰，知县沈在湄详院司将武平仓改折饷银支出，买米给发防兵。每米一石，准销武平仓折价银一两。顺治十八年，署县事同知卢裕砺详院司照杭武留米之例，将防兵月米，照依本色，额征粮石多寡均平派纳。每于秋收之时，上仓以应支给，即于本年应纳兵饷正项钱粮内开销。案立定例，兵民便之。

驻防千总一员，驻扎城内，统领兵丁一百三十七名。内分塘汛一十五所。

东北陆路：罗滩一塘、龙窟岭一塘、麻公前一塘、上寨铺一塘、青山夹一塘、博平岭一塘。

西陆路：樟塔一塘、三峰桥一塘、碟角一塘、溪鹅头一塘。

南陆路：蝉梨凹一塘。

东水路：合溪一塘、釜岭头①一塘。

南水路：桃坑一塘、折滩一塘。

驻防古竹把总一员，统领兵丁一百零二名。内分塘汛七所。

东陆路：上佛子凹一塘、草子湖一塘、下佛子凹一塘、高头一塘、暗坑畲一塘、戊子桥一塘、三层岭一塘。

论曰：兵者，民之卫也。兵制之修废，一方之安危系焉。永邑南界小靖，西迄河背，东接三饶，奸宄实易潜踪。端赖汛防棋布，宁谧地方，匪浅鲜也。

---

① 釜岭头，又称"富岭头"。

永定县志卷之九

丘 垄 志

列 葬

列 葬

宋

丞相郑清之墓 嘉泰四年进士，理宗朝拜平章事。南渡为元所迫，入闽居上杭涵水湖，即永定龙安寨。没，葬水口山，为荥[1]阳始祖。今邑中郑姓繁衍，读书仕宦，皆其裔也。嫡配萧夫人，葬大埔县棋子隔，墓碑书"闽粤郑氏祖妣"。

参政廖花墓 冯恭人，合葬卢丰都。杭、永廖氏始祖。

同安知县卢锡墓 在丰田里隔溪。

郑唐彦墓 清之曾孙。宋时平贼至此，忽有石棺出、卒葬焉。在龙安寨。

元

博罗知县吴吉甫墓 在莲塘绣针穴。

---

① 荥，原文为"荣"。

明

知府赖先墓　在太平里洪源。

潮州府知府、清流叶元玉铭曰：才之高不可肩也，行之方不可圆①也。吏治之美，孰能先也？胡不用大，造物偏也。谗忌交至，谁之愆也？飘然勇退，气节全也。平生心事，皎若天也。已矣，复何言也？所贵者名，名则传也。所重者后，后则贤也。九原无憾，高枕眠也。保兹一丘，白璧联也。我铭填石，昭万年也。

员外孔庭训墓　在南坑甜竹山。

提督四川学校、山阴蔡宗兖铭曰：祖父之积，克生廉吏；廉吏之泽，必昌后嗣。以善养母氏之终，以光昭祖宗之祀。庶彰廉吏于上天，而暝孝子于九地也。

知州赖琈墓　在东门铁坑。

参政沈孟化墓　在县治南瓮墙前。翁仲、华表、石羊、石马、石狮，仪礼如式，享堂二栋。吏部侍郎吕坤为表。

大②学士礼部尚书沈鲤为志铭曰：文取大科学已施，宦崇三品官匪卑。道宗正己志无求，功树殊域才有为。扬历③险夷贞不二，四受恩嘉孝永思。计君身世宁深悲，通籍三纪犹边陲。王事靡盬终驱驰，年未称稀志竟赍。匡扶世宇何人斯，我欲铭君先涕洟。心知零落世何其，墙上之原君所归，精光常悬尾与箕。

中书科舍人张僖墓　在罗乾上，白鹤衔书形。

邑人黄益纯铭曰：天孙云锦兮，光动少微；气贯穹苍兮，借剑引裾。朝阳鸣凤兮，谁为挤之；今已于斯兮，精灵长在汉之

---

① 圆，原文为"员"。
② 大，原文为"太"。
③ 扬历，意为仕宦所经历。

箕。

张以宁墓　在城内西隅。

赖明佐墓　在胜运里斗古抨。

熊梦章墓　号仁斋。明初，卜居上湖雷，为熊氏始祖。葬檬林前牛眠坪，张天海螺形，辛向。配李孺人，葬湖雷雷窠里屋后。

沈永实墓　在丰田里象牙。孟化四世祖。合配张、罗二氏，子孙九派，为邑蕃姓。

国子监学录赖祖隆墓　上杭张滩挂袍山下，卧蚕形。配陈氏，葬丰稔寺。

熊真佑（号英斋）墓　在湖雷龙窟岭。高山峙立，平案横列，形家呼为"孔子操琴"。配唐氏妙真，合葬。

举人阙和墓　在马山乡。

赠奉政大夫孔瓒墓　在罗滩桥子头。

熊文彬（号康斋）墓　在檬林前碓子岃，啸天龙形。御史熊兴麟六世祖也。同配妙媗阙孺人合葬。

举人赖守方墓　在新寨。

知州孔庭诏墓　在县治后李田山西。

按察司副使、大埔饶相铭曰：鼎也不可以为釜，辂也不可以加镂，器有不适于今而宜于古。矫矫东源①，石中之璧。执德不回，秉心良苦。历官大夫，福履绥之。立德立功，召杜为侣。挂冠东归，琴书自娱。高卧山斋，圣贤与语。七十二载，归于灵坡。合葬宜人，爰居爰处。

赠中宪大夫沈玉璋墓　在黄泥坑。

翰林院编修、纂修国史、延平田一俊铭曰：胡啬尔躬，尔后则丰。胡庳尔宫，尔义则崇。考而令者终耶，斧而堂者封耶。郁

---

①　东源，即孔庭诏。

郁葱葱，是惟千百，祀君子之宫耶。

吴常镇墓　在古镇。

知县黄益纯墓　在岐岭陈圣塘。

门人、甲戌状元孙继皋铭曰：先生之仪，霁月光风。先生之学，雪理冰融。先生之政，渡虎悬鳣。先生之行，翥凤骞鸿。峨峨崧岳，瞻仰何穷？神归洞府，云扃鼍封。克昌尔后，天道张弓。

知县赖霖墓　在龙门。

参政沈孟化铭曰：才德之美，独厚于天。学问之醇，克绍乎前。刚方义正，百练之坚。豁达仁育，千丈之泉。官止一宰，造物胡偏？功德在人，尸祝万年。卜葬龙门，高枕九泉。克昌厥后，兰桂绵绵。

陈静庵墓　在县南新寨。钧奏高祖。

熊文凤（号高冈）墓　在丰田里合溪荫凤池。山高千仞，澄彻，旱岁不涸。时有金鱼出现。

知县吴诰墓　在古镇。

知县赖希道墓　在古镇。

邑人黄益纯铭曰：却桂张鹗畴蜚声兮，而公掇之如承蜩兮。麦岐棠蒂畴嗣徽兮，而公措之如奏骦兮。祚胤穆皇畴济美兮，而公萃之如丰芑兮。冈陵郁芊畴褮灵兮，而公遇之如滕室兮。古镇之麓，开云埋玉。于万斯年，君子贻穀。

吴璘墓　在箭滩。知县毛凤题其墓曰"七奏杭粮义民吴璘之墓"。煌甲祖。

主簿孔登墓　在大洲中墩前。后笔架峰，左狮右象，后有护龙墩一座。

卢一槐（号少东）墓　宝之父。暨配孔孺人，合葬龙安寨李子坑，坐乾向巽。

苑马寺卿谢台卿铭曰：汉世力田兮重质行，万石长厚兮远席庆。繄惟种德兮籍乡评，菑获课读兮勤窗棐。硕人媲德兮古梁孟，明经奋庸兮昌子姓。龙安佳域兮荖茸盛，百世绵远兮福无竟。

贡士赠承德郎卢宝墓　在武溪鸦鹊坪，卯向。配吴安人，葬武溪冈尾。

经魁张尧中墓　在车田。

主事卢日就墓　在丰田东埔，乾向。配罗安人合葬。

大学士黄东崖铭曰：井宿呈灿，凤岫钟祥。诞生大雅，孝友丕扬。诗书飙发，制锦粤疆。金汤锁钥，加肺遗芳。宦成循卓，蔽芾甘棠。最荐交上，覃恩辉煌。后也克裕，前也有光。五福考命，骑箕帝乡。卜岁云吉，终焉允臧。丰碑大隧，於戏不忘！

知县林钟桂墓　在武溪杏坑。

卢日升（号曦阳）墓　暨配张孺人合葬武溪公馆右。乾亨父。

封承德郎熊彦恒号复吾墓　在武溪隔，黄龙出洞形。先生乃御史兴麟之封翁。

进士黄日焕铭曰：东皋啸傲，善行质成。哲嗣继起，纶綍[1]维馨。瞻斯茔域，光贲日星。川岳拱护，荫乃后人。

隐逸吴懋中墓　在蓝地。

学宪田本沛铭曰：翩翩者侠，视履不越。恂恂者儒，然诺不渝。尔敕既出，胡然乃逸。尔封若堂，卜世阜昌。

知州吴日修墓　在古镇。诰室合葬。

御史熊兴麟铭曰：扶舆淑粹，健顺攸彰。襃嘉宠锡，凤诰龙章。后裔奕叶，山高水长。

沈文熠墓　在东关大人崬[2]下田中。

---

① 纶綍，皇帝的诏令。

② 崬，原文为"栋"。

敕赠户部山东清吏司主事贡士赖恒墓　在胜运里赖坑塘，盘龙形。配太安人李氏、黄氏、蓝氏、刘氏合葬。

乡进士赖守正墓　在县南炼坑口，虎形。配陈氏、简氏。

拔贡熊铨元墓　龙门贵人峰前。佛子峰在右，仙人石在左。贡士陈钧奏铭曰：贵峰嶙峋，龙山巉秀。中有元堂，亥襟巳首。青霭玉镜，黄云金镂。气以怡神，精以孕后。三槐如王，五桂若寀。荫彼公孙，弥遐愈茂。日月悠悠，岿然宇宙。

进士吴煌甲墓　在小张坑。晋阳进士郑琬铭曰：先生之易，子云之言。百世之后，出冢而相论。

赠文林郎黄孟淑墓　在丰田里麻公前。邑人熊兴麟铭曰：维兰有芳，维菊有英。隐而弥耀，幽人之贞。维公笃学，穷奥研精。遭时不偶①，不以梯荣。传经有子，光昭尔声。云蒸凤起，天下文明。锡类无疆，继绪盈盈。山高水长，以铭斯茔。

孔如日墓　在城西北马尾竹。煌猷祖。

吴迪光（号宗□）墓　在金丰长富山，观音座莲形。教谕郑士鸿铭曰：有斐君子，潜德孔彰。

---

① 偶，即"遇"。

永定县志卷之九

灾 异 志

嘉靖三十七年七月内，天晴日霁，忽然大水，漂深渡①、深溪二桥，冲毁飞虹桥墩二座。

嘉靖三十八年，南城外贼首温祖缘纠集党类五百余徒，谋欲劫县。适夜，至城下，杀伤三十余人。后知县许文献擒灭。

嘉靖四十年，上杭李占春倡乱。溪南饶表、肖碧，太平黄九叶、游仙，四处蜂起相应。势甚猖獗，放火劫掠，人民被杀者万余。间有审寨投城者。又染瘟疫，遍野骸骨，斗米价至一钱八分。后蒙署印黄同知发廪赈贷，民赖以宁。

嘉靖四十二年，饶平贼罗袍五千余徒，由箭竹隘突至城下。城外并乡落男妇被杀者七百余人。时非积雨溪涨不得渡，城几危矣。

万历二年六月二十六日夜，电光异常，大雨，洪水遽高数丈。自深溪、黄田沿溪一带，田业冲坏者二百余亩，家资概行漂流，全家溺水死者计一十六家，外又五百余人。跃龙桥墩冲毁五座。此永定未有之变也。后蒙抚按题赈，民得存活。

万历戊午年五月，洪水遽高数丈，飞虹桥冲去，近溪人家溺死者甚多，田被冲坏者不计，米价至一钱八分。亦一时之大变也。

---

① 原文为"高陂"，但嘉靖时尚未有"高陂桥"这个名称，改作"深渡"。

　　崇祯十七年二月二十九日，贼由围大埔①半月，从金丰路突临城下，众至万人，放火焚去东门桥及东南城外一带房屋。知县伍耀孙督衿王芝兰、民童傅一严守。自朝至三更时，贼众知奸细已除，遂遁至湖雷村掳掠六日而去。乡兵追杀，遇贼伏兵，芝兰、傅一被害。

　　崇祯十七年六月二十日，广寇张秤锤数千袭城，杀掠无算，妇女掳去千余人。城内一空，千古未有之惨。幸丙戌冬，知县赵廷标随国朝大兵入关莅任，多方招徕，抚循安辑，哀鸿方得更生。

　　顺治戊子夏四月，突有巨寇十三营，共扶伪藩，由延而永，煽惑四乡，众至数万，困守孤城，自夏徂秋。知县赵廷标间道请兵援救，更用奇计使自相攻击。渠魁授首，余党始散。兵燹之后，继以凶年，斗粟千钱，人民易子析骨，惨不堪言。知县赵倡捐俸资，告籴邻封，施粥赈济，得留孑遗。

　　顺治戊子冬十月，广寇江龙统贼万众，突至城下，四面竖栅攻城。危同垒卵，男妇惊惨。知县赵诣睢阳庙，沥血盟天，誓众死守。贼不能破，乃用寿木暗藏炮火，隐穿地道以进。知县赵设法决水以淹之。贼用云梯扒②城，知县赵于垛中悬栅以堕之。相持日久，城中粮尽，几危。时值迎春，知县赵广设鼓吹，盛张台阁，大开城门，迎日东郊。贼众咫尺聚观，疑有设伏，骇愕不敢逼近，且疑素有储蓄，方宵遁去。知县赵侦知，密遣兵马同乡勇，间道倍行，暗伏东西两山，一齐夹攻，各寇败窜。追至龙磜塞，杀夺无数。贼魁胆落，不敢再觊县境，永邑由是始获平定。

　　顺治六年，金丰苦竹乡苏荣，伪称招讨将军倡乱，沿乡送投伪札，与湖坑李天成相持斗杀，乡民罹殃。知县沈在湄通详。

---

　　① 大埔，原文为"大浦"。
　　② 扒，攀援。

顺治八年，兵巡道宪赵讳映乘统集三省兵马会剿。经三阅月，苏荣潜赴漳帅投诚，李天成起解道辕。值抚院张讳学圣临永，受害男妇沿途奔控，于城隍庙审讯事实，即枭天成示众，苏荣监禁漳狱死。苏荣倡乱时，鉎铸大炮三门，有招讨将军及监铸官字样，现贮县库。

顺治十四年，金丰罗郎子、温丹初招集亡命，于岩背坑头坝立寨，沿乡掳掠男妇，挖掘棺骸勒赎。知县洪天开通详，道宪卫讳绍芳统师征剿。温、罗二贼投首，胁从者宽宥，令其自新。二贼屋产变价充饷。

康熙十四年十月初四日，安达公统师援漳，时踞永城者耿逆伪将军刘应麟部将石满库抗拒不降。至初六日，士民冲城出迎大军，安达公责以太迟，焚烧南城楼、县署鼓楼、东门桥及民居数百余间，男妇拘系杀戮者，俱各数千计。至十六年，知县颜佐准士民郑九畴等公呈，通详督宪郎、姚①，叠咨广东抚院，释回其直隶、江南、山东、浙江各省援剿官兵掳去者，列疏具题，恩准查发回籍。

有观音阁禅僧寂尚，收拾被难骸骨五十余担，巡检刘杰、贡生郑孙绶、生员卢鸿声、郑九畴，同义民吴兆华、赖麟玉、黄森柏、吴渤坤等，择地于西郊官山，募资筑塔安葬。逐年春秋，僧人仍具斋蔬、纸钱祭挂。

康熙三十三四五年，连岁凶荒。三十六年二月内，米价腾涌，采买乌有，饥民采树皮、草根而食。且永邑山多田少，丰年常仰给于江粤。值上流遏籴，署事连城县知县赵痛陈饥馑情形，蒙府宪王念切民瘼，给照护米到县，永民得苏。

南郊印星台一河，系永邑往粤孔道，原架木桥。因康熙三年洪水冲去，康熙二十五年，知县徐印祖捐俸倡建浮桥，以济利

---

① 朗、姚，指郎廷相、姚启圣。

涉。兼此地有台堤，关锁水口，士民感其修砌台堤、建造浮桥，建立碑亭志德。而浮桥未满匝岁，被水冲去，碑亭现存。康熙二十八年，知县吕坊之捐俸倡建石桥。又于西关建迎恩石桥，惜升任太速，尚未竣工而去。

总　论

论曰：按河头城地方，万山丛叠，每为江西、广东、福建三省寇贼聚集之地。先年于河头城设兵一营，正为杭、永两县门户，使此处有兵防守，则寇贼必不敢入。即入而有兵蹑其后，亦不至有城破之惨。惟河头无兵，故贼肆志。后有桑梓之虑者，河头一营，当急为计也。

又

永邑金丰一里，介在僻远，值有乱机，先叛后服。如苏荣、李天成、谢新、丘寿、张方浪、罗郎子、朱以太、温丹初、翁申闻等，据险嵋，恃坚垒。两兵宪赵公祖讳映乘、卫公祖讳绍芳，铜兽俯临，驻军原野，或悬首菜街，或系颈阶下。今朝廷文教广敷，厥俗丕变，尚赖文士先播宪灵，俾豺狼、狐鼠毋乘机为孽，地方幸甚！郑孙绶识。

永定县志卷之十

艺　文　志

奏议　　记　　题咏
箴　　文　条约

文因事作，事以文传。文泯则事逸，事逸则何所考证哉？永定虽僻在一隅，然歌咏山川则有风，人之品题、表记、政迹则有名公之著述，皆足以明物理而植世教也。类而书之，将使后之君子足征于文献云。

奏　　议

建县事迹

高　明　都御史

题为处置地方事，据福建汀州府上杭县申备，通县里老、耆民廖世兴等呈称"本县所管太平、溪南、金丰、丰田四里，相去本县三百余里，接连漳州、广东地方，凡干办一应公务，往复动经半月。又兼地僻山深，人民顽梗，平居则以势相凌，有事则持刃相杀。天顺六年间，李宗政等聚众劫掠乡村。今成化十四年，钟三等又聚贼杀人。实因地方广阔，治理不周，呈乞转达上司，添设一县管理，使公事易办，强梗知去"等因到院。臣会同镇守福建御用监太监卢胜等，看得民心虽愿建县，未审山川有无相应去处，选差有才识按察司副使刘城、布政司参议陈渤前去复勘民情，相度地势。

　　续据各官呈称，备审上杭县里老人民万口一辞，俱言相应设添县分。又带同知县石塘，并谙晓地理术人，亲诣太平、溪南、金丰、丰田四里。万山稠密，地方窄狭，内有溪南里第五图，地名田心一处，山环水绕，地方平坦，南北约有七里，东西约有四里，畎亩相连，居民相接，堪以开设县治。其地东至漳州府龙岩县一百四十里，西至广东程乡县一百六十里，北至上杭县一百五十里，俱各地里适均，相去不远，独于南至广东饶平县二百余里，相离路远。况彼处地名大靖、小靖顽民，节来侵害，合于金丰里地名三层岭开设巡检司一所，守御地方。

　　查得上杭县总计十里五十九图，田地、山塘共计二千七百九十七顷九十三亩，除环绕上杭县里分不动外，南以溪流为界，今拨溪南、太平、金丰、丰田四里属新立县分。但溪南里共该六图，内第三图在溪北，及太平里共该五图，内第五图与上杭县相近，拆出溪南里第三图、太平里第五图，仍属上杭县管理。又本县胜运里一十一图，内第五图、第六图，又与新设县分相近，拆出二图属新县所辖。今计上杭县共得六里①四十图，新县共得四里一十九图，具结画图贴说。

　　又呈到院，会同镇守福建御用监太监卢胜、巡按福建监察御史阎佐，并都、布、按三司署都指挥、同知等官郑贤等参看，得上杭县溪南等里贼情已息，贼党多擒，其余胁从之徒，尽行招抚复业，与太平等里民心乐从，立县实为子孙保家之谋。万山中，惟田心地势宽平，可以立县，足为封疆巩固之规。揆之制度"百里一县"，今约计上杭县南北该三百余里，理宜添县。欲于地名田心开设县治，取名永定县。又欲于地名三层岭开设巡检司，取名三层岭巡检司。

---

　　①　应为"八里"四十图，新县共得四里应为"五里"，下同。

又看得本地山多、田少、民稀，难设全县，乞敕吏部于旧任廉能相应官员中，选除知县、典史、巡检、教谕各一员前来创始。其医学训科、阴阳训术、道会、僧会，待知县到任以后，拣选相应之人，起送赴部除授。但前项里分民多贫窘，又有新招复业者。今创立县衙、儒学、巡检司、城隍庙，并铺舍、医学等衙门，不取民间一钱一夫，俱会议于别项措置，木料、工价，足彀①取用，仍令原经手副使刘城、参议陈渤经营整理、分派。钱粮仍将上杭县四里一十九图户口钱粮，割入新立县分，属汀州府所辖。如此则良善之民有所依归，强梗之人有所钤束，地方有托，永远无虞。

缘系处置地方事理，未敢擅便，具本专差某亲赍谨题请旨。

记

旧修飞虹桥记

孔廷训　员外

古人于津渡处多建桥，盖以利民涉也。吾邑永定城东有溪，发源自龙岩大池②以达于广东。厥流既深且驶，涉者每病焉。

正德己卯，乃建石桥，复架屋于上，以避风雨。跨于溪之两岸，若飞虹然，匾曰"飞虹桥"。及嘉靖甲午夏，霖雨骤集，洪水大至，桥之东一带冲决者殆半矣。农阻于耕，旅阻于途，商贾阻于贩，民皆嗷嗷以告病。邑大夫桂林毛君凤见而戚之，乃召父老，语之曰："凤匪才，奉命来令兹土，弗克尽职以速水患，以贻民忧，咎实在予。予将与君等图而修之，可乎？"民咸喜色相

---

① 彀，同"够"。

② 经实地勘察，永定河发源于今培丰镇竹子炉。

告，富者输财，贫者输力，罔不踊图其事，无有后者。乃卜日而肇工焉，复遴选邑耆有识干者以董厥役。于是众工毕集，伐石于山，采木于林，取甓瓦于陶冶。斫者、削者、绳者、甃砌而结构者，振颓而补敝，饰旧而增新，售能殚智，阅数月而告成也。其为墩若干座，其为屋若干楹，翼以阑槛，设以数亭。荡荡平平，可车可马，雄伟壮丽，为邑具瞻。噫嘻，休矣！厥利溥矣。

夫举一木动一石，犹或有难之者，兹桥之易，若是得非天佑吾邑，以福吾民耶？尝观之，夏令十月成桥，周人造舟为梁，郑子产以乘舆济人，孟子讥其惠而不知政，则桥之不可少也。尚矣，其为王政之当务也！审矣，世有视为不急之务，慢而易之，岂父母斯民之心哉！赵充国在敦煌架桥六十所，蔡端明在泉则建洛阳桥，韩文公谪潮则建广济桥。当时岂无有大于是者而必欲为之？诚见夫政之不可已焉耳。令之司民牧者，惟催科征敛是急。不然，亦规矩于簿书、迎送之间，但涉于兴作，辄以速谤为词，其民事之弗恤如是，无怪夫政之日堕、民之日病也。

毛君乃克，俾斯桥完美。又以其羡余复建桥于城西溪，是亦通衢之至要者。呜呼！君政可述，固不止此，亦可见其用心于民事者矣。

《春秋》于列国，凡有兴作必书，重民力也。飞虹之葺，是可书也已。事竣，耆民吴璘辈谓此举不可无记，谓训邑人也不可无言，遂以记属之。辞不获。乃具述其颠末，用以告夫后之人。嗣是而恒修之，则十万世可无圮。而为吾邑人之利，将与天壤并可也。是役也，凡士庶之有劳勚者，则别书于碑阴。

新置学田记

黄益纯

郡邑建学必置田，所以崇儒赡士而敦本原也。则学田之置，其有关于教化者，岂细故哉！

永庠原无学田，我贤侯湖东何父母下车以来，独拳拳于是，尝叹曰："多士贫而鲜饶，不赡士而求材，是饥骅骝而责之千里也。然赈济之惠有限，而学田之利无穷。吾职提调也，既无所沿于昔，独不可创于今乎？"于是谋之通学以金议其事。时廪生卢一松、卢赞愿将祖田七十余亩送县收买，递年收税银一十两，发学济给贫生。

噫嘻！我侯善政多端，而尤加意于学校，且实心课士，教养并行，则涵濡砥砺之下，将必有真才辈出以副国家取士之典者，孰非我侯之所贻也？虽然我侯之意诚嘉矣。涓人买马骨，不期年而千里马至者三；楚人得禽鸟而宝爱之，未几而珍禽四集。我侯创置于今，安知无继我侯而起者，复从而增益之乎？永之士子多赖而文教聿兴者，实由于此。呜呼！我侯此举，斯文之瞻仰也。而以斯文自任，期不负我侯振作之意者，其责有所归矣。是为记。

端士习记

李应选　教谕

尝谓人才为治道所关，而学校乃人才所出。学校本群弟子于其中，而习之以礼义，所以成其德也，非徒使之呫哔为文而已。今主司以文取士，亦非徒取其文也，实欲因言以稽德耳。故词严义正者，其志必端；措辞和顺者，其养必粹。此士所以贵有实行而贱虚文也。

永邑分自上杭百余年来，建学日久，诸生游泳洙泗之涯，斌斌可观，多称豪杰。或涵真饫道，追黄躐孔。而智识高明者有矣，将无有离经叛纪而实行未敦者乎？其性情端洁、忠信、不欺，而崇尚廉耻者有矣，将无有饰羔雉以干进而习于浮靡者乎？其天性孝友以礼谦让，而无忝纲常者有矣，宁无有欺凌傲慢而诬上行私者乎？余目击其弊而任文教之责，可无倡率士风而惕然以自警乎？乃备述诸名贤嘉言善行而教诫之。其要在于忠孝廉耻，安贫息躁，改过迁善，惩忿窒欲而已。

所谓忠孝者，以爱妻子之心事亲，孝莫大焉；以保富贵之心奉上，忠莫大焉。所谓廉耻者，朱子有言："士子要先识箇个礼义廉耻，若寡廉鲜耻，虽能文，何用？"所谓安贫者，文定公曰："对人言贫者，其意将何求？"推而言之，富莫富于蓄道德，贵莫贵于为圣贤，贫莫贫于未闻道。曰"息躁"，颜之推有谓："世见躁进得官者，便为弗索胡获，不知时运之来。不然，亦至见静退未遇者，便为弗为胡成，不知风云不兴，徒求无益。"曰"迁善改过"，文中子所谓"闻义争为"，有不善争改是也。曰"惩忿窒欲"，先正有言："忿如火炎，不遏则燎原矣；欲如水决，不遏则滔天矣。何国家之不废，灾祸之不致哉？惟惩，故心清而志安；惟窒，故气畅而神安。"斯先哲之旨言，士习之龟鉴。余每三复之以自警，并述之以正士风欤！

诸士于平居时，当以天下事为己任，隐然有朝廷之忧，巍然有圣贤之志。本之以心思造诣之，精博之；以经、传、子史之趣，严之于义利、取舍之辨，谨之于言语动作之际，见之明而守之固。凡有所为，无愧屋漏方为实学。异日建树勋庸，以垂不朽，其不为盛世之贤才乎？遂勉而书之以为记。

户 口 记

赖希道

夫户口，供国课、征徭役，其系重矣。然民有盛衰，而户口之损益因之。永定创自成化，户二千二百五十六，口一万一千一百二十九。历至嘉靖间，户则减半，丁亦渐损。何者？盖永邑里疲羸之地，当孔道之冲，是以民不堪命而逋逃日众。值嘉靖四十年，贼首李占春等四起猖乱，更以流寇罗袍杀戮，民之死者不可胜纪。

　　迫万历二年，陡遇洪水，浮沉而死者数百人，举家沦没者数十家。夫以凋耗之民生，乃欲取盈于额数，是以十金之子，责偿千金之债，奈之何不负且亡哉？幸我贤侯何父母，下车以来，轸念民隐，因父老具告，若痌瘝乃身，即以前所增三千余丁，力为申请，而诸监司亦谅我侯之诚，批允除焉。然则永民之得免于展转流离者，皆侯之赐乎！故民为之谣曰："前有王父，后有许母。贤哉何侯！二公接武。其苏我生，其止我处。祝尔苍苍，永令兹土。"

　　嗟夫！昔有伪增户口蒙赏者，自以为荣矣，而贻讥于后世。云汉忧孑遗，若患寡矣，而还定安集，卒占众鱼、旐旟之梦。由是观之，则永定之富庶，或者其在是也。而后之览民数者，当不待负版而后式矣。是为记。

学田碑记

　　总督福建太子少保、兵部尚书、正一品兼世袭仍带余级姚颁发买置学田纹银五十两到学。前任教谕郭亨都会同原任知县颜佐及通庠生员陈舜日、赖廷昇、刘殿行、吴祖光、卢鸿声、郑九畴、卢英、赖龙光、詹捷、朱笏、吴廷芝等，凭中见上杭学生员吴晋等，将原发纹银五十两买到本学生员丘天麟腴田六亩一分六厘八毫二丝二忽四微（原载租谷二拾石零九斗正），坐落土名罗滩，共田七处三十六丘一节。遵照宪行通省例，将本县首图甲里新立姚兴儒一户，将所买学田，原系丘昌盛户内，额载民米三斗三升正，推割入姚兴儒户内纳粮，递年该教官与掌业生员眼同收贮入仓。除纳正供钱粮外，徭役尽行豁免。递年纳粮外，所存租谷俟年终给发本学贫生，取各领状造册，缴县转缴总督、部、院，以凭查核。合遵刊碑，以垂久远。

　　今将罗滩乡内田段开后：

　　一佃人余应元耕社墩上田二丘，原载租谷二石七斗八升十合。

一佃人巫得宝耕暖寠里田五丘，原载租谷一石三斗二升。

一佃人陈思献、陈思旺耕大圳下田六丘，原载租谷四石四斗。

一佃人吴端进耕冈上田六丘，原载租谷四石四斗。

一佃人童秉宪耕长圩里田一丘一节，原载租谷二石四斗三升。

一佃人巫育有福耕黄土灌田四丘，原载租谷四石四斗。

一佃人邹汝永耕寨背塅上田二丘，原载租谷一石一斗六升三合。

康熙二十二年十月穀旦立
巡抚都察院卞

条　　约

戒堪舆约

夫天下之渺茫，最不可信者风水也，而闽人独惑之，何哉？盖误听堪舆之说，如何布置则能速发富贵，如何动作则有伤损子孙，而愚昧之人胶固胸中，如闻圣经贤传，牢不可破。此所以尺寸之界必争，毫厘之土必讼，甚至聚众格斗，杀命伤人，刑戮及身，家产荡尽。

嗟！嗟！愚氓未得风水丝毫之益，而先受风水万千之累，岂不惜哉！尔各城乡士庶，此等事案皆目睹耳闻，何不安分守己以待天命，而乃甘受堪舆之欺，以致身家俱殉乎？嗣后各宜循分自爱，存天理，明大义，以成家乐业。所谓"阴地好不如心地好"，何苦乃尔耶？如有愚顽不醒，再信风水，妄谈、捏称毁冢、盗葬及断脉伤煞等语控告，审系虚诬者，定将原告、讼师、堪舆一并严拿律究。倘有豪强、恶棍阴谋盗葬及管山地人等私估盗卖而不与闻本主者，发觉之日，除断还外，仍倍加重处，决不轻纵。

戒溺女箴

吕坊之

留男溺女，性跷蹊怪杀。愚夫太执迷，问你生身何处母？于今求配那家妻？人性好恶何其僻，天赋形骸总是齐。故杀子孙，律有载杖徒，科罪不轻兮。

戒溺女约

赵良生

夫上天有好生之德，下民焉可蒙嗜杀之心？况女孩乃自身骨肉，何忍无罪而诛？本县下车以来，稔知永邑有等蠢愚夫妇，临盆产女，当即淹溺，不思无女何以产男。故有男必求女配，是以关雎之兴淑女、螽斯之比子孙，良有以也。况婿称半子，有家道丰盈而赖之送养终老者，有名列鹓班而藉以光耀门楣者。即曰家计维艰，妆奁无措，遂忍心溺害，以杜后累，殊不知竹笥、布被亦可遣嫁，何用奢靡？

熟思至此，女之不宜溺也明矣。除现在访拿外，嗣后敢有仍前忍心溺女者，不但冥冤之报施不爽，本县先以故杀子孙论，按律治罪。

戒假命约

尝考旧案，每见断肠毒草立毙人命。或因鼠牙相角，服之轻生；或缘产业不清，食之殒命。嗜利如饴，命同草菅。独不思患病临危之人犹欲延医祷神，以计回生；为之子若孙者呼天抢地，愿以身代。足征乐生恶死，人有同情。讵尔愚民，一朝小忿，无病捐躯，气绝难续，骨肉永离，田园抛弃。其不肖父兄、子孙因而化尸吓诈，统凶抄洗，希图渔利泄忿。及至到官，自尽无抵偿之条，打抢有难逭之罪。斯时也，死者宁不饮泣于九原？生者亦必追悔而莫及，是不能害人而适以自害矣。

嗣后凡有真正谋故殴杀人命，许地方人等登时飞报。本县不惮辛劳，立即亲赴相验，按律抵偿。倘系服毒、雉经、投水、刎颈等项假命，即令尸亲买棺收殓，不许故行停暴，纠合地棍，乘机打抢。若人命情虚，诈抢是实，不惟不断烧埋，定行反坐其罪。

戒赌盗约

盖四民之生，各有恒业。有等不务本计之徒，引诱良民局赌呼卢。愚顽被惑，违而不悟，贪婪注念，胜负横胸。迨至一败涂地，束手仰天。财产尽而邪僻生，饥寒迫而良心丧，遂窝藏附近游棍，或招集亡命流民，讨谋画计，坐地分赃。小则穿窬，大则伙劫。此诚近赌近贼必然之势也。嗣后如一家有犯，九家举首；一家失事，四邻救援。则赌盗无藏身之薮，而良民获安枕之福矣。本县缉赌弭盗，必穷其源。各宜洗髓，无待噬脐。

文

通邑请祀名宦文

黄日焕　进士

窃闻闾阎留三代之直，公评历久而弥彰。黉序建千秋之祠，循吏递传而不朽。义关激劝，道绝党援。伏念永邑，汀末遐陬，车辅南漳，犬牙东粤。向当鼎革之初，实惟震惊之候。山童盆子号召于四封，红巾绿林咆哮于五里，田畴草宅，城市鸟栖，饥馑洊臻，流亡载道。幸遇故邑侯西陵赵讳廷标，兴原应运，才足经天，收拾涣散之人心，启辟荆榛之道路。饷筹郧国，无米能炊；兵集淮阴，驱市可战。绝王郎于界上，明逾耿弇；摧宁季于行间，略符虞诩。墨守之精神自暇，一任输攻；杜扈之纲目维严，不容萧跋。是用化逆为顺，因之转危以安。尔乃徒燕幕颠，谋其乳哺。援鱼鼎内，赐以泳游。鸡犬①桑麻，人知耕凿之乐；诗书弦诵，家敦孝友之风。岂惟保障于龙冈，实作长城于闽粤。

天曹奏最，宪秩频跻。一时辙卧辕攀，眦决冲云之表，到今户俎家豆，心悬浙水之旁。奚啻朱邑考终，魂犹恋县；抑且张网即世，盗亦行丧。惟是名宦之席未登，揆诸报公之心仍歉。兹幸恭逢学宪汪大文宗，奎精名世，斗望参天。胶庠之典礼重光，贤哲之幽微毕阐。为此佥呈上恳，伏乞恩赐转详。征捍②灾御患之条，大其勋者隆其报；按立德立功之义，名不朽者祀不祧。俾畏垒庚桑，俯顺民情于此日；将龚黄卓鲁，群襄盛治于中天。

训士警言

李基益

慎独二字最紧要，故《大学》、《中庸》皆言之。独不慎则肆无忌惮，好恶非正，内欺己，外不畏人矣。不则，矫而色庄，色厉内荏，必至消沮闭藏，何以自立于世。

学问只是为己，欲知欲行也；作用必要及人，立人达人也。学不为己，则希世求知，士失义矣；用不及人，则只顾身家，民失望矣。

修天爵而人爵从，禄不可干也。干禄则求富贵利达，乞墦之行耳。学优而仕，待贾不求，此良贵也，亦不必以避世为高。

从吾所好，何好乎？不改其乐，何乐乎？能有大贤之乐，自

----

① 犬，原文为"太"。

② 捍，原文为"悍"。

可无忧。唯无圣人之好，所以有求。

内省无恶，故可欲，谓善德必有邻也。即行有不得，君子唯知自反。

重建文昌祠记

熊兴麟　御史

晏湖为儒学外泮，碧水澄泓，奇峰环拱，诚风气之攸萃也。故明天启年间，邑侯钱公建文昌祠于湖之上，霍公继踵其成。楼阁嵯峨，栋宇华丽。地钟其灵，科名浸盛。康熙十四年冬，邑罹兵燹，祠宇烬焉。历数载余，岩墙滴露，茂草栖萤，虽哀鸿渐集，然疮痍未起，逡巡莫之能举。

壬戌秋，前任颜父母过故祠址，辄嗟喟低徊不能去，捐金五十两倡始重建。庠士耆民醵众庀材，公复出橐中金六十两。会摄篆者至，则郡司马胡公祖也。胡公初按部，闻祠工肇兴，作序分募。及受篆日，见梁栋方升，资且不给，爰割冰俸六十金以襄厥事。越明年春，擢会稽太守，公慨然曰："莫为之后，犹之乎莫为之前也。"未几，而徐父母新膺简命，来宰吾邑。甫至临汀，与公交代。公命首事诸生刘殿行、吴晋、卢鸿声谒侯行署，且托以祠事。及侯下车，登堂览胜，即发胡公代解批银五十两，他如木料、砖石，胶漆、垩墁之属，需工费若何，侯悉给之，所费百十余金。今者，帝像庄严，魁星炳耀。堂奥则华采而轩翔，门庑则伉爽而严翼。又别为房舍于堂之东西，诸士弦诵其中。外池则甃砌以深，涟漪相漾；池鱼则网罟有禁，鳞甲腾飞。

先是祠之东有余地数武，没于豪右，公按法一一归正。又为香灯计久远，将县前岁入地租银九两零六分，概充为守祠工食。废者兴，烬者建，庞密巩固，焕然一新。续功于甲子夏，落成于丙寅冬。邑人士交相庆曰："此盛举也，不可无记。"爰石属余文之。

余为文运之兴,关乎国运。方今圣天子聪明神圣,重道崇儒,以故文运之治,远逮下邑。如徐父母者,励廉洁之清操,布弦歌之雅化,宣圣谕以道斯民,而民雍如崇帝。祠以课多士,而士庄如,皆应国运以振兴文运者也。方之召、杜、龚、黄,何多让焉。继自今,贤声远播。侯行不次之擢,两庠人士,凛师友之观摩,仰帝灵之默佑,腾踏飞翔,当必有倍于昔者。余自宦游归里,尝徘徊殿阁,泊乎灰烬,怆然深思,不意复睹。斯举也,再造之功,视前诸君子,更堪不朽矣。爰叙其始末,并志吾祝愿之私如此。

东华、石麟二山记

李基益

山之佳,大约以石。石之高者壁立,其深则窈然而洞。山不峭壁悬立,如人肤具而无骨;山不洞壑玲珑,如人果腹而心不虚也。

永定之山少石,全体皆石者,东华也。初至,小径穿叶影中,溯水声而上,山门内外,石大小或散或整,若迓客者。入门,旋转石中,仰见悬壁观音阁,三层附壁如挂灯。登阁俯视,佛殿脊瓴如弩牙外张,堂宇不可见,缩于石也。从阁降而左,真武阁跨土山,山前又皆石。折而下,坐佛殿前楹,远望如列屏,苍翠层起。屏外,若伸掌见五指者为五子崃。天气晴霁,可见大埔界,则粤东诸山咫尺耳。

石麟稍平夷,山腰巨石如数间屋,无源而时滴沥,所谓"乳泉"也。石下穴如井,小石投之,声断复续。时有燕子飞出入,亦闻蛙声。他石皆殊,状如旗,如灶,如枯树。偃者忽如缭垣,旁可外窥,如睥睨望。或如行夹道中,升复降,崇广皆不逾百尺,而仄涩险奥几于窘步。予谓:"观止矣。"僧曰:"未也。"出山门,折而右百余步,得石门。炬以入,石多倒垂,腻而滑,照之乃见。时积雨多水，浅者涉，稍深负以渡。皆偻其首，侧扪垂乳。路穷，旋而上，如沿螺壳中。出穴，则前投石处，因悟向所蹈，皆玲珑嵌空。何以名"石麟"？则山势趋伏若俯其首，林树其毛鬣，石奋竖者角也。

　　康熙乙亥望后三日，由金丰里陟东华。越六日，探石麟，属太平里。予爱东华，以其负骨而峭立。石麟之可喜者，中虚能受，不徒妍好其外以悦人也。续闻溪南有晏天湖，又欣然愿往。

永定县志卷之十

题　咏　志

隐居吟

胡　时

豆种南山稻种田，醒时独酌醉时眠。溪头水涨夜来雨，门外山连晓起烟。村鼓数声秋社日，牧童一曲夕阳天。东邻老叟时相会，桑柘阴中话有年。

夜宿丰稔寺留题

陈渤　参议

龙飞北海鸟图南，倚剑高歌酒半酣。
功业未成人渐老，耻于人上说奇男。

又

玉童双引入僧房，树隐帘栊近夕阳。
欲镇山门无玉带，也应花笑紫薇郎。

建永定县有作

刘城　副使

按节穷乡两月间，经营一邑岂辞艰？昔时顽梗潜归化，今日黔黎已就安。百里又增新版籍，千年永镇旧溪山。春风渐听弦歌蔼，要识天家雨露宽。

溪南八景

晏湖鱼化

谢 弼

平湖潴水学宫隈，多少金鱼游泳来。养就甲麟经岁久，变成头角在春回。几层桃浪添新水，万丈龙光启蛰雷。脱却泥淤归瀚海，早教霖雨济枯荄。

古镇烽销①

溪南烽火照前年，四境于今喜息烟。牛饭农郊刀剑化，衣襜逢披甲兵捐。乡间有地皆桑柘，里巷无家不诵弦。羽檄杳然阛市静，月明村犬傍花眠。

水珠叠翠

崖泉飞瀑落珠玑，双洞名留旧日题。蟪组绞交苔径绕，水晶光动夕阳西。回波荡漾花飘雪，滴地缤纷玉溅泥。几欲登临携杖履，云深不辨路高低。

桧嶂连屏

王 环

桧山峚律势重重，万古乾坤间气钟。树色远笼金翡翠，岚光斜映绣芙蓉。浓云泼黛堆青嶂，急溜垂帘挂碧峰。嵩岳降神生后杰，车书一统绝群凶。

---

① 销，原文为"消"。

温泉晚浴

一脉灵泉迸海门，无分今古四时温。不资樵爨汤如沸，惟藉天工火自存。静煮云根生蟹眼，旋滋石鼎长苔痕。乾坤胜迹遗来久，澡雪忘归日又昏。

杭陂春耕

滚滚源流涨小溪，老农分引入杭陂。栉风沐雨歌无逸，锄隰耘畛诵《楚茨》。百亩腴菑芒种候，一犁膏雨早春时。伫看西畴收成日，报赛先农祀古祠。

龙门樵唱

龙门万丈峻棱层，伐木那堪步强登。斧约月痕归岛屿，担分秋色上薪蒸。数声那许呼相应，一曲清歌和未曾。莫道侧微时未遇，鹗书应见起贤能。

鳌石渔歌

巨石如鳌枕曲阿，渔人从此撒罾多。鸣冲水鸟飞还止，倦拥烟蓑醉复歌。摇月橹声归远浦，随潮灯影泛烟波。平生自得优游趣，纵与三公不换他。

咏前八景

桵嶂连屏

孔庭训

极目观桵嶂，真如列绣屏。名专方岳胜，秀毓万年灵。叠叠堪图画，巍巍可摘星。何当凌绝壁，一览众山青。

水珠叠翠

百丈愤飞泉，珠玑碎复圆。颠崖流不尽，叠壁翠相连。
醉眼还醒否？尘心觉洒然。闲中曾赏玩，别是一壶天。

杭陂春耕

绿水绕杭陂，春耕正及时。东风鸣布谷，细雨事锄犁。
北望皆沾足，西成可预期。人人知稼穑，重赋大田诗。

龙门樵唱

蹑足上龙门，云深碧树蕃。烂柯人不见，伐木句犹存。
一曲歌声远，三秋暝色昏。谁云樵者苦？自有乐堪言。

咏北山五石

刘文诏　　永定知县

龙冈岭北步天梯，郁郁璠玙蕴在兹。狮子其中藏璞玉，犀牛
于内长珠玑。砚池水见蛟龙起，冠幞匣开彩凤飞。舞蹈扬尘朝北
阙，永称五石镇闽基。

谕　民

胡大武　　永定知县

宦途日食费吾民，自愧无功报紫宸。百里仓生多作善，一年
绿野两回春。但教子弟耕还读，莫问他人富与贫。国课早完衣食
足，家家和气乐天伦。

游万寿寺

翁梦鲤

炎暑怀寥廓，招提惬胜游。孤峰临万象，五月似三秋。
天影松间落，江光野际浮。心超人境外，钟磬度山楼。

游东华岩

李应选　教授

山郭寻幽思不穷，东岩深处祝华封。泉声细与松声合，云影
遥连树影重。宝座倚楼笼翠色，青莲随地散香风。年来独觉尘根
净，世事浮云过太空。

游丰稔寺

古刹潇条①数老僧，栽培松竹景多增。沿流丰稔传衣钵，绳
继精诚点佛灯。见性空虚秋夜月，明心清净玉壶冰。耆英闻说曾
游此，籍甚声华尚沸腾。

征漳寇经永定道中

王阳明

将略平生非所长，也提戎马入汀漳。数峰斜日旌旗远，一道
春风鼓角扬。莫倚贰师能出塞，极知充②国善平羌。疮痍到处曾
无补，翻忆钟山旧草堂。

又龙潭夜坐

何处花香入夜清，石林茅屋隔溪声。幽人月出每孤往，栖鸟

---

① 潇条，即"萧条"。
② 充，原文为"克"。

山空时一鸣。草露不辞芒屦湿，松风遍与葛衣轻。临流欲写猗兰意，江北江南无限情。

发平西驿

陈朝用　参政

平西荒驿晚来投，晓发犹担万斛愁。漠漠阴云垂雨脚，悠悠险路挂山头。私情许可忘公义，远虑其能省近忧。但得吾民安衽席，眼前辛苦复何尤。

名宦祠

孔庭训

门外襟流合，祠前碧树阴。高风千载迥，遗泽百年深。

乡贤祠

孤忠悬夜月，高谊薄秋旻。鹤梦归何处？风声启后人。

重修卧龙桥

黄益纯

堋外卧长龙，神工结构同。金鳌跨碧汉，云栈度晴空。未信迷川隔，无劳宝筏通。觉路登先岸，谁知济涉功？

荐福寺次韵

孔庭训

翠竹低垂绕佛家，清虚不受一尘加。梵楼日永炉烟细，铃阁风高燕子斜。驯鹤有时翻贝叶，老僧无事拾松花。功名近觉真成梦，禄食何如酌紫霞。

题朱都宪永感录

赖 锦

阅卷灯残夜雨时，泥途欹险事方知。人生行己须无愧，眼底风波任所之。千古是非舆论定，百年声价斗山巍。贾生一掬伤心泪，和入儒绅不尽题。

咏北山松

赖希道

此山烟树倚晴空，万干千条拂晓风。满壑遗音鸣古调，四时清响奏丝桐。参天冉冉飞华鹤，沾雨森森舞瑞龙。独与竹梅常作伴，雪霜难改岁寒容。

冬夜观梅偶感

王蟾芬

夕槛梅开满树花，呼童独酌对天涯。疏枝照牖浮灯彩，隔院飞香静月华。清艳久夸名世品，托根真似泛仙槎。调羹正倚宣元化，醉步芳园起暮鸦。

游碧云洞

徐龙湾

仙堂尚与碧云平，风驭冷然落世清。石室画开丹灶色，天门秋度紫箫声。题诗此日鸿濛辟，把酒千山海月生。况有同心堪作笑，风流谁似谢宣城？

八 景

熊兴麟　御史①

石阁呼鱼

画阁傍滨盘石岸，凭栏呼出锦鳞稠。听经荡漾云光罩，吸浪浮沉天上游。解语多情欢好友，知音聚首爱清流。养成头角龙门跃，不许渔人把钓钩。

榕坛春翠

旭日初曛气可飱，风披翠黛漫登坛。晴光氤氲容千态，树色菁葱绿一团。花焕陇头迎鸟语，枝垂岩壑趁根盘。寻芳不尽拾瑶草，肯把旸春有脚残。

北楼夜月

庾楼高兴拨轻烟，万籁无声思悄然。松影萧疏芳草白，溪光潋滟满船鲜。露收云卷浑晴昼，星灿斗辉不夜天。但得入怀明月意，何须别觅广寒仙。

龟印浮江

岣嶙不受五丁磨，雄峙中流漱碧波。惟爱长年踞水国，怕藏车税入陵阿。卦图数衍先天灿，水面印浮王气多。即令狂澜难濯去，龙冈留此镇山河。

巽峰迎旭

遥看岭表净朝烟，日上扶桑镜欲圆。青霭千山衔出海，祥云

---

① 作者原缺，据福师大抄本补。

五朵捧登天。红光半点留全影，紫气东来带雾宣。片片霞明辉眼底，争歌瑞色满空悬。

松院秋声

临江高阁挂松楸，谡谡涛声杂濑流。鳞老薄霄摇雁影，霜严飞叶一天秋。谁为方夜读书赋？自有登天落帽俦。听得寒蝉鸣皎月，风生两腋不知愁。

南堤烟雨

天半清风拂柳堤，练光交锁映南离。半烟半雨空濛异，疑雾疑云变幻奇。隐见晴岚何处是，依稀花气有谁知？翠峰四面凌霄出，树影青冥动我思。

凤渚维舟

无数飞帆望岸投，霞光散彩朴江头。桃源縶缆寻仙侣，槐市连船漾野鸥。茅店日斜呼斗酒，暮鸦月噪乱荒丘。夜阑谁泛山阴棹？卧听鸡声度客舟。

前八景题

赵良生　　知县

晏湖鱼化

冰鉴澄清对射宫，由来腾跃有蛟龙。文澜久沐涵濡德，智水偏多润泽功。化雨藻芹连岸绿，倚云桃李傍墙红。扶摇会见垂天翼，始信洋洋大国风。

古镇烽①销

止戈刚喜颂时清，足国无如战后耕。卖剑卖刀方化俗，乐郊乐土正休兵。边烽息警年书有，里鼓无闻夜不惊。莫负太平真气象，绿阴携酒听流莺。

桧嶂连屏

新罗古治旧山乡，近溯成弘徙上杭。绕郭晴光连凤翼，到城飞翠接龙冈。一时爽气来书案，十幅丹青挂印床。石马无声谁记谶？年年春草卧斜阳。

水珠叠翠

青山界破落飞湍，搅雪翻银峡势宽。老树撑烟晴亦湿，危崖挟雨夏犹寒。只应野客携琴听，消得闲僧倚杖看。谁把水晶帘半卷？散抛琼佩玉珊珊。

温泉晚浴

灵泉觱沸暖相依，助惠成廉亦庶几。不数华清开晓镜，宛同沂水试春衣。探汤凤具锄奸手，去垢新知善德机。好待冱寒来就此，人如挟纩暮忘归。

杭陂春耕

犁烟耰雨互商量，秧马柴车宿道傍。草野陈胡无叹息，山林沮溺自津梁。春郊报赛迎猫虎，社日祈年顺雨旸。不厌桑田频税驾，为勤农圃劳壶觞。

---

① 烽，原文为"锋"。

龙 门 樵 唱

丁丁何处响云根？看奕①归来过别墩。千仞凌空盘鸟道，双崖中豁启龙门。空林近暮霏烟霭，深坞经秋绝烧痕。自笑不如牛背稳，笛声遥入夕阳村。

鳌 石 渔 歌

鳌峰潆绕绿于苔，渭水严滩总异才。一曲沧浪残照下，数声欸乃曙烟开。浮家泛宅此中好，细雨斜风归去来。我亦忘机思属和，从今鸥鹭莫惊猜。

北 楼 夜 月

佳晨此登楼，众山满虚牖。高处月华多，林峦发烟绣。怀哉冰玉人，相对无愧负。空翠欲沾衣，严城起钟漏。坐久眉目殊，清光共幽秀。

南 堤 烟 雨

长堤何倭迟？一道亘平楚。春树绿初成，浓阴相媚妩。朝来微雨晴，轻烟互吞吐。溉我原上田，庶以慰农圃。辛苦荷锄翁，辍耕听桑扈。

榕 坛 春 翠

高榕郁参天，樛枝长拂地。古坛春雨余，芳草绿无际。生烟淡冥濛，斜阳远迢递。载酒可寻香，题诗继修禊。何须召伯棠，于焉足游憩。

---

① 奕，通"弈"。

松 院 秋 声

森森千尺姿，奇古世少匹。重兹栋梁材，相视不敢暱。天风
晚忽来，江涛雨中急。时送谡谡声，笙竽自喧吸。谁具丘壑情？
微吟忆斯立。

巽 峰 迎 旭

步上城东门，旷怀骋遐瞩。遥望钓鱼峰，晴霞映朝旭。天宇
何澄鲜，山容净如沐。村树碧参差，径花红朴樕。此中倘结庐，
期来课耕读。

凤 渚 维 舟

溶溶一镜平，驾言泛南浦。浅蘸绿波柔，垂杨正娇舞。招客
共开尊，临流更怀古。孤鸟掠还飞，游鱼纤可数。向晚莫催归，
停桡宿溪浒。

龟 石 浮 印

山灵降元龟，突兀呈颎贔。宛然如负图，圣世或献瑞。礌砢
拥卦文，演易备天地。曳尾泥涂中，苔藓久浸渍。他年遂封侯，
左顾验尔赐。

潭 阁 呼 鱼

昔人寄濠梁，鱼乐识欣畅。谁开石圳潭？浩荡不可量。网罟
喜有禁，风波谢无恙。偶来一凭阑，止水惬予向。慰民驾蜚鱼，
嬉娱非所尚。

前 八 景

李基益　教谕

桧嶂联屏

似画还如绣，神工不易裁。高骞当地起，横亘向天开。
岳麓遥分职，昆仑别铸胎。年年春色好，赖汝送青来。

水珠叠翠

秋后更娟秀，云来乍有无。宋元晴处染，海岳雨中图。
入梦常先陟，寻幽不用扶。终须飞瀑下，承掇水珠珠。

晏湖荷艳

露浥如将笑，风掀迥不齐。乍惊朝日薄，斜引夕霞低。
款款蜻蜓醉，深深翡翠迷。兹湖原泮水，君子问濂溪。

古镇花环

汉月照秦关，从来戍未还。烽烟今已靖，耕凿意都闲。
客到家家酒，春开面面山。全栽花树好，槿户竹篱间。

杭陂春耕

稼穑为民宝，辛勤贵及时。西畴新水满，春事老农知。
不用篝车祝，行看秉穗遗。先生须酒食，亦可慰吾私。

温泉晚浴

相邀何所适，澄湛一泓春。若尽如斯水，当无垢浊人。
波中才问影，衣上亦消尘。归路无妨晚，行歌月色新。

龙 门 樵 唱

路转峰回处，依稀尚有闻。似将松韵答，竟与鸟声分。
籁起传青箓，风疏度白云。时逢林树下，三两自为群。

鳌 石 渔 歌

采水代躬耕，嘉鱼不辨名。沧浪翻旧曲，欸乃答新声。
佐醉儿沽酒，烹鲜妇作羹。呜呜犹未息，船火照深更。

后 八 景

北 楼 夜 月

高处望明月，流霜衣上多。光疏官阁树，冷浸女墙萝。
远浦渔舟火，环城子夜歌。时平无漏警，莫问夜如何。

南 堤 烟 雨

绿缛南堤树，烟迷雨亦昏。砻辞芳草地，帘忆杏花村。
淡淡浓浓意，深深浅浅痕。莫非颠米老，墨汁乍惊翻

榕 坛 春 霭

松柏非前号，枌榆著旧灵。斜连芳草翠，遥挹远山青。
歇雨拖藜杖，临风倒玉瓶。游人敷坐处，根曲到沙汀。

松 院 秋 声

缓步正徘徊，微闻亦自猜。硌中泉水沸，天末海涛来。

乍觉愁怀扫，无端慧想开。秋心清一片，何处著尘埃？

凤渚维舟

凤渚东城下，澄沙带驶流。锦鳞游狎钓，翠羽跃迎舟。
篷雨沽春酒，灯桥听夜讴。山程欣得水，联棹为夸犹。

巽峰迎旭 正对学宫，旧名钓鱼峰

方自东南峙，兆为文物征。想皆烧尾化，不复钓鱼称。
的的朝光满，亭亭爽气增。出门相望处，爱尔每晨兴。

龟石浮印

讵必堪燋兆，居然水一方。石形观物化，波面溯流长。
欲曳非无尾，能支可近床。谁当持作钮？回顾孔侯章。

潭阁呼鱼

栖托若何许，潭深阁槛欹。呼之时复出，乐矣竟谁知？
寄意唯游泳，相怜莫钓丝。江湖终浩荡，胡乃滞于斯。

登北山

熊兴麟　御史

登高作赋聚仙俦，山色溪光破醉眸。路入云深无俗径，声通
帝座自心休。遍游岩壑风生腋，收弄烟霞气薄秋。兴尽归来移落
日，回看明月满层楼。

北山石井

谁云山下有泉乎？井出高崧气更殊。一镜空明天倒覆，几人
对照口相呼。地心能淡吞星日，石眼独清喷玉珠。为告痴儿休妄

汲，须知水底尽龙图。

北 楼 夜 月

熊九梅　廪生

良夜何迢迢，直上北楼倚。一望无际涯，月色凉如水。群山荡漾浮，树影参差比。恍疑天半游，竟欲踏云起。高处不胜寒，应是琼楼里。

潭 阁 呼 鱼

阁中影悠悠，阁下潭水漾。凭阑一声梆，群鱼争趋向。江湖自相忘，不乞升斗养。应如人意乐，牣跃竟吹浪。无网亦无饵，於哉灵沼上！

永定县志卷之十

续　　增

学校志　秩官志　选举志　人物志　丘垄志

学　校　志

书　　籍

《文庙礼乐志》　康熙三十一年宪颁。

《四书解义》

《易经解义》

《书经解义》

《孝经解义》

以上皆康熙三十三年部颁。

秩　官　志

知　县

国　朝

颜　佐　河南河内人。由武举，康熙十六年任。

徐印祖　奉天人。由恩生，康熙二十三年任。重建文昌祠。升云南石屏知州。

吕坊之　山东曲阜人。由贡监，康熙二十八年任。重建县堂。升奉天承德知县。

吴琪　顺天大兴人。由进士，康熙三十二年任。

吴梁　河南许州人。由举人，康熙三十七年任。力持清操，躬行礼让。专务以德化民，召天和，屡丰年。太平诸里多致嘉禾，有四穗、五穗者，不事鞭扑①，岁课自登，府宪王匦奖曰"催科不扰"，其联句奖曰："抚字催科，二事并行原不悖；风行草偃，两情相信自能通。"又勤于课士。己卯，贤书俊者四人，副榜一，武俊一。永置邑所未有，则振兴文教之功也。

署　县

国　朝

胡以涣　奉天人，本府同知，康熙二十二年署。重修文昌祠。升绍兴知府。

孔兴谟　山东曲阜人，邵武府通判。康熙二十七年署。

杨岱　四川新繁人，上杭知县。康熙三十一年署。儒雅恺悌，士师，而民母之。

赵良生　江南泰兴人，连城知县。康熙三十六年署。洁己爱人，兴文造士。诸如均平赋役、化民息讼，舆人颂之矣。若救荒而谷不腾，完逋而民不扰，则尤为稀遘云。

教　谕

国　朝

郭亨都　龙溪人。由壬子举人，康熙十八年任。升兴化教

---

① 扑，原文为"朴"。

授。重新文庙。

廖南彦 宁洋人。由岁贡,康熙二十二年任。

李基益 海澄人。由甲子举人,康熙三十一年任。讲艺课士,精勤祀典。下帷吟咏,雅范超群。四十年,偶得微疾,遂坚请休致,当道慰留数四。迨四十一年春,乃得解组。通庠恋慕,设位学宫,土地祠左。以志不忘。郡绅黎士弘称其"朴而雅",邑孝廉詹捷又称"见机勇决,亮节高风"。

训 导

国 朝

徐光鼎 浦城人。由岁贡,康熙二十二年任。

吴道嵩 诏安人。由岁贡,康熙二十八年任。

陈道法 松溪人。由岁贡,康熙三十三年任。清修力学,庠士爱戴。设位与前教谕郭万完同祀。

薛 容 福清人。由岁贡,康熙三十七年任。

署 学

国 朝

蔡祚周 漳浦人。由拔贡,康熙十八年署训导事。助修文庙,考正从祀神位。

林荃佩 闽县人。由丙寅岁贡,康熙四十一年任。道貌亲人,诚心诱士。斋头苜蓿,淡泊自甘。□握春风,引掖不倦。到任两载,以年老告归。通庠仰其典型,立碑学宫,土地祠左。与前教谕李基益同祀,以志不忘,并拟诸二疏之高致云。

典　　史

国　朝

沈一龙　浙江会稽人，康熙十八年任。

叶之花　陕西三原人。康熙二十五年任。

王士奇　顺天大兴人。康熙三十一年任。

巡　　检

国　朝

兴化司

陈永锡　浙江会稽人。康熙十八年任。

陈隆遇　直隶①隆平人。康熙二十年任。丁艰去。

朱得元　江南吴县人。康熙三十三年任。

太平司

郝思鸣　山西文水人。康熙十八年任。

倪佳印　直隶大兴人。康熙二十一年任。

范世芳　浙江会稽人。康熙三十五年由国学，本年五月考选主簿，四十一年改选斯任。

三层司

沈渐陆　直隶东安人。康熙十八年任。

丁乙大　江南无锡人。康熙二十三年任。

---

①　直隶，原文为"直棣"。

胡凝道　河南杞县人。康熙二十五年任。丁艰去。

冯世泰　直隶真定人。康熙三十五年任。

防　　守

国　朝

丘　垣　龙岩人。

林　惠　漳浦人。

詹飞虎　长泰人。

黄得胜　海澄人。

选 举 志

举　　人

国　朝

卢　清　康熙庚申补科。由县学中式第二名。授北直雄县知县。

吴利见　康熙辛酉科。由县学中式，授贵州新贵县知县，调补陕西泾阳县。

熊昭应　康熙辛酉科。由县学中式，兴麟长子。授浙江奉化县知县。丁忧回，候补。

卢为骥　康熙辛酉科。由县学中式，考授知县。

吴廷芝　康熙丁卯科。由府学中式，利见长子。考授知县。

詹　捷　康熙庚午科。由府学中式，天颜孙，甘棠子。考授知县。

廖冀亨　康熙庚午科。由县学中式，考授知县。

廖　均　　康熙庚午科。由府学中式。

赖际可　　康熙癸酉科，由县学中式，考授知县。

林馪春　　康熙癸酉科，由府学中式，考授知县。

黄策麟　　康熙丙子科，由县学中式，考授知县。

梁高标　　康熙丙子科，由上杭中式。

王芬露　　康熙己卯科，由县学中式，考授知县。

熊孙鹤　　康熙己卯科，由县学中式。铨元孙。考授知县。

张成章　　康熙己卯科，由县学中式，考授知县。

熊孙兰　　康熙己卯科，由县学中式，考授知县。

恩　拔　贡

国　朝

沈　曾　　康熙辛酉科中式副榜贡。

熊锡应　　康熙乙丑科选拔贡。兴麟次子。

熊捷先　　康熙丁丑科恩贡。

阙　魁　　由恩贡，考授州同知。振子。

熊见龙　　由恩贡，署浦城县儒学教谕。

卢震行　　由例贡，署清流县儒学训导，考授州同知。

张月鹿　　康熙丁丑由府学选拔贡。

吴挺峰　　康熙丁丑选拔贡。祖馨之孙。

熊卓魁　　康熙己卯科中式副榜贡。

岁　贡

国　朝

郑应周　　康熙丁巳贡。

沈文楫　　康熙丁巳超贡，署古田县学教谕。

郑孙绥　康熙己未贡，署武平县学训导。士凤长子。

赖第元　康熙辛酉贡。

孔元发　康熙癸亥贡。

胡逢亨　康熙乙丑贡。

丘六成　康熙丁卯贡。

苏魁甲　康熙己巳贡。

陈云行　康熙辛未贡。

阙月卿　康熙癸酉贡。

吴云芝　康熙癸酉府学贡。祖馨次子。

郑元辉　康熙甲戌府学贡。

卢　英　康熙乙亥府学贡。

丘经传　康熙乙亥贡。

陈　诏　康熙丁丑贡。

赖九功　康熙己卯贡。

卢杰一　康熙辛巳贡。

朱　笏　康熙癸未贡。

欧阳暄　康熙甲申府学贡。

武　科

国　朝

沈青麒　康熙壬戌补行乡试，由县学中式。

卢龙纪　康熙甲子科，由县学中式。

卢三品　康熙丁卯科，由县学中式。

李国范　康熙庚午科，由县学中式。

卢伟猷　康熙癸酉科第三名，由县学中式。

卢彦亮　康熙癸酉科，由县学中式。

张天一　康熙己卯科，由县学中式。

陈大鲲　康熙壬午科,由府学中式。

貤　　封

国　朝

卢日就　以子化贵,赠文林郎、江南太平府繁昌县知县。敕命一道。

吴　氏　以子化贵,赠太孺人。敕命一道。

余　氏　以子化贵,封太孺人。敕命一道。

卢　化　阶文林郎。敕命一道。

饶　氏　以夫化贵,赠孺人。敕命一道。

林　氏　以夫化贵,封孺人。敕命一道。

吴阶泰　以子利见贵,赠修职郎、陕西西安府泾阳县县丞。敕命一道。

郑　氏　以子利见贵,赠太孺人。敕命一道。

吴利见　阶修职郎。原贵州贵阳府新贵县知县。敕命一道。

王　氏　以夫利见贵,赠孺人。敕命一道。

人　物　志

名　　臣

熊兴麟　号石儿。由进士,授宜兴令。洁己爱人,耗费尽革。存抚字于催科,岁课自足。尤重学校,以敦教化。奖善兴贤,而讼狱衰息。时属明季,寇乱汹涌,即联络城野,立团练法,贼不敢犯,故民不苦盗。江院特荐"治行第一",擢礼部主事。旋以材堪任剧,转河南道御史,出按三楚。激扬弹压,墨吏敛辑。适左帅横悖,尤能裁折之,使不敢肆,故民不苦兵。

未几鼎革，遂还里居，遁迹村野，不问外事。郡邑有司，每咨访所疑。又不惮缕陈，为乡里兴利除害。年八十有九，尚康强也。微疾而卒。为人豁达大度，善草书，自成一格。多所蕴蓄，未罄所施。然楚人设位尸祀，至今犹思之。其在部所上时务，人皆称"中机宜"，虽古名臣，曷过焉。

黄日焕 号愧莪。善事继母，友爱诸弟，随父受学，未尝负笈从师。由进士，选授广西兴业县。课士重农，革里甲常规，除催头包收，蠲里役科派。盐课轻之，墟税罢之。邻邑妖寇犯境，率乡民击之，歼贼数千。

丁内艰归。甲寅藩乱，不仕叛逆。服阕，补陕西甘泉县，善政一如兴业。遇旱则步祷而得霖，虎患则告神而屏迹。其尤著者，邑屡遭乱民流，每岁赔累丁银九十余两，经三十余年，官民交病，遂申详力请。凡四五上，卒得俞允，民乃复业。于是仁风旁及。如中部之清丈，鄜州之赈荒，十一属之挽运，皆臻成效。秩未满，升江南邳州，善政亦一如甘泉。尤著者筑堤治河，度地建城，民免水患，永获安居。总河荐其才可大用，升淮安府山安河务同知。因旧粮卜罝碍解组，犹卒成河工，乃归。居家唯杜门教子，不依阿有司，不侵凌乡里。其卒也，人尤惋①惜。

循　　吏

国　朝

阙振 字翼公。性耿介方正，方登贤书，人称为"真孝廉"。任嘉善，初至即禁铺设旧例，禁绝苞苴。听讼必得情实，发奸摘伏，无良屏迹。若加惠屡子，则温如冬日。人所尤诵者，积逋三万有奇，题请豁免，邑食其德。课士论文，则所拔者皆联

---

① 惋，原文为"婉"。

翩去，竟以不能胭韦事人，叹曰："项难强，腰可久折乎？"遂赋归来。士民泣送，舟拥不得行者累日。归里二十余年，未尝以私干郡邑。尤严待胥，役不敢登其堂。子魁有贤声，孙士鹤俱克世其家学方。嘉善人之立碑志不朽也，魁适北还，过邑，士民竞款问阙使君安否？真兴思去后，久而弥新者。所著有《退思堂集》、《劝善书》行世。

萧熙桢　号瞿亭。生而颖异，能暗诵五经，下笔数千言。为诸生，即拥皋比。成进士，海内传其文为楷式。应授推官，以裁缺补长沙令。长沙，楚上游，事繁民悍，治之无不立应。以廉能著绩，檄摄善化，弥游刃恢恢。尝谕父老云："善风俗，先育人材，得数年宽息，崇雅敦厚，庶元气可复。"故迄今彼都人士犹礼让相先。楚中两太史，王君泽弘称："斯人蒙泽，化日舒长。"车君万育称："弦歌起于涂①路，冠盖翔乎洲渚。"其言可征也。竟以不能阿士官意，负讠危误去。既归，惟论文课艺，故后嗣多贤。其嗜学，手自校雠，数十年如一日。大约赋性聪察而行以径情，或时而发伏不隐。然中实和平，是以湖南人至今犹思云。

孔煌猷　号二伊。由举人，任峡江令。惠政得人，崇祀名宦。所著有《唾余集》。

理　　学

国　　朝

卢　英　字骏臣，岁贡。醇谨端方，理学宗工。永邑文士，多出其门。著有《四书学庸》、《会参大小题旨》行世。

赖际可　字旋泰，号征庵。由举人选授，未任，卒。绅士谋之，约谓："色养不违，因心罔间。与人不道人短，非公不至公

————————

①　涂，同"途"。

庭。喜愠两忘，城府悉化。既浑金璞玉，亦霁月光风。允矣，德行之儒。"学博李君基益曰："学贵心得，尤尚躬行。当杯温克，一洗晋人放达之风；读古进修，堪入宋代精微之室。惟德行之有觉，称理学而无惭云。"

儒　　行

国　朝

卢瑞苞　字①攸休，邑庠生。褆躬醇谨，善气迎人。伟猷父。

卢足征　字侗一，郡庠生。含贞葆素，刚介自持。清父。

卢中儒　字珍行，邑庠生。内行纯备，乐善好施。彦亮父。

王联焕　字荒润，庠生。醇厚孝友，读书水口庵，置田供香灯，为济渡之利。

廖　箕　字木野，庠生。孝友笃学，清慎自守。冀亨父。

林春旸　字□□，庠生。善事母，置祀田，崇师，课子，抚侄。好施与，凶年给米，暑月煮茶，人归德焉。

赖　玠　字取自，增生。不入公门而喜陈公事，乡族就裁焉。学宪三奖德行。与郑孙绥、丘学殷、廖益基为四友，称"同德"。

丘学殷　字存宋，庠生。瘠土耕读，为人御侮解纷。

赖麟振　字岁青，增生。学行兼优，儒林奎璧。

廖益基　字喜最，庠生。淡于荣利，持谦守正。

黄策赐　邑廪生。博学纯行。当贡卒。

孔师吉　字仁仲，庠生。颖悟绝论，醇谨嗜学。丹霞刘庭蕙

①　卢瑞苞、卢足征、卢中儒、孔师吉等人名后、字前，原文缺"字"字，今校补。

器重之。乡国学显，美标青祖。

丘天麟　字振公，号瑞庵。赋性厚重，立念贞纯。无争竞之心而温和处物，去佻达之习而端谨持身，可谓诗书之彦，允居善信之间。

郑　相　号蒙泉，府庠生。英才笃学，孝友彰闻。

吴祖芳　号畹仙，岁贡生。宁静自持，邑胥役无识其面者。郡侯孟称："笃学清操，可士人矜式。"

丘华期　字泰和，庠生。学优才敏，恺悌好施。年未三十卒。人皆高其义而惜其年。

熊伟抱　号璞斋。博通经史，浑厚慎默，在泮数十年，有司未尝识其面，乡曲谓有古君子风。

文　学

国　朝

郑孙绶　号符枚。性通简。博览群籍，四方学者多师事之。著有《古今人镜》行世。岁贡，署武平。

吴　晋　字吕生，懋中季子，煌甲之弟，上杭廪生。学优韵远，能诗，善操琴。邑志续修，两与载笔，士林推重。所著《草木心集》，学博李君基益为之序。又尝应聘与修通志。

卢彦群　字柔戒，廪生。聪颖绝伦，试屡冠军。卒年二十二，士论惜之。化长子。

卢彦辅　字孝检，化第三子。能诗歌、古文、词，时艺亦汤若士、王季重流亚。年未三十卒。学博李君基益尤爱重之，挽以诗，有云："才可五常季马，年仅三倍童乌。倏尔绛衣虬版，何处黄公酒垆？"

吴祖馨　字渤闻，号升客。康熙辛卯、甲午皆副榜，丁酉举人。终养二亲，不急仕宦，时陶情于诗酒山水间，自题一联云：

"圣贤皆可为，了然心口何须问？富贵非吾愿，拈着胆毛只自知。"寿八十三。讲书不用开卷，为文未尝起草，指授门徒甚众。后裔蔚兴，子云芝、孙挺峰，尤其著者。

黄甲殿　字御及。博学俊才，远近宗之。当贡卒。所著有《凤翙楼集》，嗣刻。益纯曾孙。

丘六成　字兼三，岁贡生。沉静好古。所著《经史粗余》，郡人参政黎士弘、进士莫之伟序以行世。

熊卜伟　号恭仲，增生。幼有异才，长多挚行。年甫四十，乡里有"文孝先生"之称。教谕郭亨都颜其堂曰"孝友"，进士黄日焕赠以诗："笔华光邑史，钱雨滴家声。"

沈缵绪　号忝述，增生。持家以约，待人以和，不履公庭，耄犹好学。

卢维翰　字象崧，邑廪生。幼颖异，暮年著述甚富，有《本源集》等书。学者推为道篇经师，其课业格言云："字向疑中识，书从解处看。检身师莠草，教子学幽兰。"梦得句云："处世先求己是，存心自有天知。"生平孝友，足未尝履公庭，邑中号为"范阳正人"。当贡而卒。教子杰一，食饩有声。

郑应周　字①石序。敏而好学，受知郡邑，未尝奔竞造请。令徐印祖雅重之，谓其"行检方正而学问淹博，真可为大夫，国人矜式"。膺康熙丁巳岁贡，屡举乡饮大宾。

孝　义

国　朝

郑邦珍　字闽毓。辍书服贾，洗腆娱亲。亲殁庐墓，躬畚种

---

①　吴祖馨、郑应周二人名后缺"字"字，今校补。

树。风雨助灵，山石效用。逮年九十，孺慕不衰。邑令洪天开详宪给匾。周之孙。后三十年，学博李基益从其孙龙征其遗事，赠以诗，所谓"寝门温清无逾晷，墓下锹锄不倩人。为善于乡家裕后，褒纶自国俗还淳"是也。

孔崑猷　遇寇请代父死，母盲负以出入。居丧不御内，完弟婚娶。经吕令坊之，给匾旌奖、详宪。

郑学张　字志九。事亲问视不懈，居丧毁形，葬则庐墓，年逾六十，哀慕不衰。经危令君旌庐，欲详上宪，学张固辞以"子道当然，尚恐未尽"。邑绅士谓："不欲以亲故得名，志九其古人无愧矣。"

丘正颂　字泰音，庠生。亲殁，永慕。惠爱亲族，捐私田，代祖遗上杭浮粮。徐令印祖称其孝义。

王四教　贡生。

郑祖彝　字思彩。十岁丧父，哀恸特至，躃踊如礼。其事母，备极孝养，殁而思慕不衰。又能为人排难解纷，绝无所取。防厅胡摄县有"性行端方"之奖。长子星烂，食饩府庠。

黄一梧　号正阳，策麟祖。孝友性成，秉正不阿，事亲色养兼至。耄年葬父，孺慕不忘，常庐墓侧。

赖元昭　号协和，考授州同知，作对之父。持身孝友，好义乐施，乡里推为"善士"，邑侯选为嘉宾。

赖正贵　号履和。邑庠生作圣、太学生作梅之父。幼年失怙，终身犹慕。性刚而行醇，质直而好义。寿元①八十三。公举乡饮。

---

①　寿元，即寿年。

乡 善

国 朝

廖敬德 字[1]集禧。性颖悟，通群籍。医卜堪舆兼擅，而敦孝友，懿行足型。冀亨祖。

王世恩 字宠吾。屡举乡宾，乐善好施。溪南锦丰渡往来不病于揭厉，皆其首倡捐赀之力。

赖元璘 字冲和。生平孝友雍睦，恤贫乏，修桥道，为乡饮宾。

黄启中 字义纲。性正而行醇，为宗族准绳、乡里型范。寿八十七。子策麟，学博李君基益课文，置第一，赠以言，有云："未得交厥考，衡文识令子。善积庆自余，健翮抟风起。"

赖登仕 字华吾。敦伦蹈义，乡党共称。

赖玉麟 字端儿，冠带宾。幼颖悟，博学能诗。为人公恕，喜行方便，乡里推重。际可父。

廖兆瓒 字思璧，乡饮宾。孝友恭慎，行药济人。邑举人黄策麟诗有云："荣于萱草华常棣，调乃香泉及米砂。"学博李基益则曰："雅量最能销鄙吝，良方岂但药愚庸？"

廖明济 字喜云。量力施济，公正不阿，尝云："扪心无惭，雷可共眠。"常分私田谷，均给弟侄。

赖日昇 字弘旭。居家孝友。性颖悟，通诗文。为人醇朴。

江兆凤 好义乐施，捐金置田于新寨渡，募舟子以便往来。又施大埔县虎头、安乐二渡。载埔志。

---

① 廖敬德、王世恩、赖元璘、黄启中、赖登仕等五人，依例在名后增"字"字。

赖用錞　字参颖①。质行能诗。于城南隅辟圃凿池，栽花酿酒，与文人韵士往来觞咏。

王森盛　积书遗后，人称厚德。

张鼎炜　字调九，礼部儒士，乡饮大宾。寿八十八。

郑维有　乡饮宾。

郑思兴　乡饮宾。

徐思达　字伟予，乡饮宾。

吴维章　号不野。读书自守，宽厚爱人。常作箴教子云："人须变急为缓，变激烈为和平。即遇不情不理，亦当以情恕理遣。若发之暴、言之过，为识者所轻，能无悔乎？"又以联垂训云："和气春无限，平心福自然。"又云："富贵不须图，但一堂之上，父慈子孝，兄则友，弟则恭，便是绵绵富贵。家声何以大？唯四序之中，日征月迈，夕而唯，朝而诵，庶几振振家声。"人传以为格言。

吴锦堂　字茂琳。好义乐施。亲族贫者，为完其婚嫁。每遇俭②年，出谷赈贷，不责其偿。

黄鼎中　字弘五，孝友醇谨，敦族戚，重交游，有义侠风。邑侯徐延为上宾。

黄玉珍　号南峰。行谊端方，乐善好施。经县详宪，给匾旌奖。

张可接　字选学，乡饮介宾。爱隆一本，谊笃同气，人无间言。

吴基昌　字淑球，乡饮正宾。勤谨持家，诗书训子。正直儒雅，厚德可风。邑侯吴给匾旌奖。

张兆足　乡饮介宾。

---

① 赖用錞、张鼎炜二人之字"字参颖"、"字调九"，依例调至名之后。
② 俭，原文为"险"。

张应权　乡饮介宾。齿德孝敬，友恭睦里，训义兼全。议旌载志。

吴焕日　字灿周，乡饮介宾。急公好义，慷慨济人，人莫能及。

节　　烈

国　朝

张端上妻吴氏　戊子年，盗起，夫为叛甲谢有元所害。氏匍匐伸冤，夫仇卒雪。孀居苦节，仅抱一子，纺绩传经。乡里群推"冰节"。

郑仲敏妻赖氏　年十九，夫卒，遗孤龙孕仅五月。氏矢节茹荼，纺织以养舅姑，教子读书入泮。乙卯城陷，避居村落，痛孤被难，悲愤而卒。生员赖绍宗妻张氏从夫殉难，即其母也。母烈女节，并堪不朽。邑令吴表其庐曰"巾帼完人"。

孔如承妻郑氏　年二十守节，立孙继嗣。知县岳钟淑详宪旌奖，匾云："苦节懿行，均可嘉尚。"今八十有六矣。邑人咸称为阃则云。

林登缙妻张氏　年十八，夫病革，怜其少，嘱勿守。氏泣曰："称未亡人尚耻，况事二姓乎？"夫死，姑防之密。伺隙，竟投环以践前约。学博李基益诗云："莫听乌啼夜，同归马鬣封。难无孤可立，易在死相从。挺烈如臣节，推贤号女宗。北山林木茂，雪里见贞松。"氏及夫家为太平里北山。

王赓臣妻简氏　年十九，夫贾而客死。榇归，氏大恸委地，起而捧香炉，号曰："魄归间，神归室矣，妾亦与夫同归地下耳。"遂沐浴更①衣，入室自经。

---

①　更，原文为"经"。

学博李基益诗云：闻道丧归日，手持唯一炉。忍将身自矢，况与燕同孤。面隔无由见，魂游尚可呼。百年何处共，举案向黄炉。

节妇戴氏系郑谦益之妻，丘氏系郑淑吉①之妻，邓氏系郑八一之妻　溪南里溪四九甲民籍，三代孀居，同心守志，姑媳抚孤，遗腹一孙郑生伯。署县赵给匾"操凛松筠"旌奖。

赖逢峻妻熊氏　乙卯城陷，慷慨赴河。越七日，尸浮水面，形骸不变。经二十余年，县令②吴匾奖曰"宁赴清流"，称其"既端范于平时，尤完贞于处变。能舍生以取义，葬鱼腹而甘心"。

赖汉英妻郑氏　夫死，氏年方二十有六。事翁姑尽孝，教子光日、华日，食饩有声。邑令吴匾额奖曰"尽节全伦"。

丘与长妻③吴氏　幼就学，名淑祥，通翰墨。乙卯城陷，自缢。前志丙戌之难"丘氏三烈"，与长前妻吴暨二女也。吴氏继之，人谓"三烈可四"。

孔其钺妻李氏　其钺，庠士。丙戌之乱，李与夫冒烈焰负祖姑以出。年三十而寡，抚孤成立。年九十，尚康强。

赖日亨妻黎氏　康熙三十九年，邑侯吴匾奖"操坚泽远"，奖语："柏舟自矢，孝慈性成。中年丧夫，抚育幼子。冰霜为质，金石同心。芳型可表，理宜优旌。"

廖文祖妻吴氏　法名志兴。敕赠孝子在邦之女，与新贵知县利见同胞，内侄即丁卯乡进士、现选大尹廷芝也。毓秀名门，曰嫔巨族，贤淑性成。不幸夫逝子捐，凛凛劲节自持，置舍于邑北山麓，奉佛讽经，修真净土。不祝发而谈禅，另辟一局完懿德，

---

①　原文"淑吉"之前校补"郑"字。
②　"令"字校补。
③　"妻"字校补。

脱苦海以登岸。透微三因，悟圆明行取。邑侯吴举人、教谕李，俱以匾额奖焉。其所住舍，颜之曰"入语堂"，勒竖石碑以垂不朽，亦足以志其梗概云。学博丹霞李基益铭曰："仕何但百里，直道难枉非，以腰之伸而知止耶！年亦已八旬，刚德克就，岂必舌之柔而乃存耶？升天为尾箕之跨，入地合干莫之化，示驼饮之形者，艾芝山之下耶！于斯焉，藏傲吏之真，以垂裕于后之人。"

丘垄志

列 葬[①]

孝子郑邦珍墓 在古镇坪湖畔上，形如蟠龙。

进士萧熙桢铭曰：平原茫茫，湖水泱泱。形如太极，包函万象。异时丰碑，螭首首贲。于冥遐日，帝念汝孝，子之必昌。

乡饮大宾丘桢墓 号怀川。葬古镇坪，亥山巳向。

举人赖明选铭曰：古镇洋洋，若封若堂。郁葱所萃，丘公攸藏。按牒披迹，曰令闻望。利济弘嘉，为宾典光。义方诒穀，式繁且臧。蛰绳罔艾，松柏偕苍。

配王孺人墓 葬金丰里三层岭天德甲乡，大座人形，巳山亥向。

邑举人林钟桂铭曰：天德之甲，淑气翩翩。厥形惟肖，如人斯虔。有翼其冢，望之俨然。是为王孺人之吉兆，而发祥衍庆，若瓜瓞之绵绵。

---

① 标题"丘垄志"和"列葬"校补。

碑　　记①

阙侯去思碑记

汀漳道郁之章　嘉善人

　　汉史传循吏，其为政，人人殊。至其仁心为质，与民休息，度几德让、君子之遗风，未始不同趋而合辙也。其所传六人，以文翁为之冠，由其崇尚儒雅，兴起文教，埒于邹鲁。夫以孝宣综核名实，赵京兆②以精锐应之，宜若专美一时矣。而玺书褒异，增秩赐金，乃在颖川、渤海，彼其重农桑，兴礼义。若欲缓收其效，而民之思之也，顾不后于京兆，则吏治之所重，概可知矣。

　　自久任之法不行，循资按格，三易星霜，则秩满当代矣，被召当迁矣。甚者设施未竟，坐论去焉。此吏治所以难也。至于民之于吏也，当其秩满被召，相与讴吟而颂祷之；于其心劳政拙，罢官而去，则过而忘焉。有能思于去后，且去十余年而思之如一日者，非德让之君子，未易得此于民也。往余备兵漳南，幸清伏莽，一以助宣文德为事。甲午宾兴，阙侯以《葩经》领乡荐，撤闱来谒。丰神峻峙，不妄言笑，其才华学识，真足赤帜宇内。暨余采风属郡，侯之长君魁翩翩年少，复冠永庠。余以是觇侯之家学，宗今纬古，出其经术，以霖雨苍生，殆未有艾也。

　　岁丙午，来宰武塘。武塘故岩邑，今每以诖误③去。盖东南催科号繁剧，而吾邑为最。侯受事，逋赋三万有奇，逋于里甲者

----

① 标题“碑记”校补。

② 赵京兆，指汉宣帝时的京兆尹赵广汉。

③ 诖误：己本无罪，受连累。

十之一。为补苴①以偿之，那②于官吏者十之九。则不惮劳勚，
厘剔澄清，力请抚军题豁。甫两载，侯以高尚拂衣。然侵渔中
饱，从兹弊绝风清。甚矣，侯之大有造于武塘也。侯性检束，外
和而内刚，绝苞苴，杜请谒。其爱民也，煦煦如冬日，咸依为慈
母。若其发奸摘伏，虽宿胥、狡卒，悉屏息重足，惊神明焉。以
故境内帖然，无柝鸣犬吠。又负人伦鉴，衡材精确。其试士所
录，皆艺林翘楚。比年以来，科名鼎盛，皆所鉴拔士也。其蔚兴
文教，方之文翁，何多让焉！侯居官不炫浮名，怀抱宏伟，未殚
厥施。罢官后，侨居萧寺，日与门下士啜茗论文，相勖以敦本尚
实，无几微怨尤之色，其雅量有过人者。

　　归里十有余年，都人士思侯之德，谋伐石以记之。会长君谒
选，南还道经武塘，贞珉适告成，相与摩娑其下。都人士见长君
如见侯焉。吾邑昔有贤令汪侯，去官久，为筑留衣亭以表之。阅
数百年，复以事汪侯者事侯，可以见侯之德入人之深。而三代之
直，不尽泯于人心也。

　　侯名振，字翼公，甲午乡进士，福建永定人。

---

①　补苴，弥补（漏缺）。
②　那，通"挪"。

后　记

　　2001 年开始，经福建省人民政府批准，福建省地方志编纂委员会从历代所修旧地方志书中选择一部分点校整理，组成福建旧方志丛书分期分批出版。罗健、江荣全、方清、吕秋心、李升荣、刘祖陞、陈立矜等负责本书整理与出版的组织、协调、编审工作。本书的点校工作系由永定县地方志编纂委员会具体组织，由俞乃康、廖永茂、郑宝禄、郑慕岳点校，刘增晶审校。

福建省地方志编纂委员会

2012 年 3 月 30 日

图书在版编目(CIP)数据

(康熙)永定县志/(清)赵良生,(清)李基益修纂;福建省地方志编
纂委员会整理. —厦门:厦门大学出版社,2012.8
(福建旧方志丛书)
ISBN 978-7-5615-4345-0

Ⅰ. ①康⋯　Ⅱ. ①赵⋯ ②李⋯　Ⅲ. ①永定县－地方志－清代
Ⅳ. ①K295.74

中国版本图书馆 CIP 数据核字(2012)第 175592 号

责任编辑:薛鹏志　董兴艳
特约编辑:黄友良
封面设计:力　人

厦门大学出版社出版发行
(地址:厦门市软件园二期望海路 39 号 邮编:361008)
http://www.xmupress.com
xmup@xmupress.com
福州力人彩印有限公司印刷
2012 年 8 月第 1 版　2012 年 8 月第 1 次印刷
开本:880×1230　1/32　印张:7.75　插页:2
字数:200 千字　定价:130.00 元
本书如有印装质量问题请直接寄承印厂调换